PARA QUE SERVEMOS CRISTÃOS?

Jake Meador

PARA QUE SERVEM OS CRISTÃOS?

De volta a uma **doutrina social** protestante

Todas as citações bíblicas foram extraídas da Versão Almeida Século 21 (A21), salvo indicação em contrário.

Os pontos de vista desta obra são de responsabilidade dos autores e colaboradores diretos, não refletindo necessariamente a posição da Pilgrim Serviços e Aplicações, da Thomas Nelson Brasil ou de suas equipes editoriais.

PUBLISHER *Samuel Coto*
EDITORES *André Lodos Tangerino*
e *Guilherme Cordeiro Pires*
ASSISTENTE EDITORIAL *Lais Chagas*
TRADUÇÃO *João Costa*
REVISÃO *Bruna Gomes* e *Francine de Souza*
DIAGRAMAÇÃO *Joede Bezerra*
CAPA *Rafael Brum*

Catalogação na Publicação (CIP)
(BENITEZ Catalogação Ass. Editorial, MS, Brasil)

M431p Meador, Jake
1.ed. Para que servem os cristãos? : de volta a uma doutrina social protestante / Jake Meador ; tradução João Costa. – 1.ed. – Rio de Janeiro : Thomas Nelson Brasil ; São Paulo : Pilgrim, 2022.
224 p.; 13,5 x 20,8 cm.

Título original : What are Christians for? Life together at the end of the world
ISBN : 978-65-56893-12-9

1. Critica cultural. 2. Doutrina social protestante. 3. Pensamento reformado. 4. Teologia política. Teologia pública. I. Costa, João. II. Título.
07-2022/28 CDD 261

Índice para catálogo sistemático:
1. Doutrina social da Igreja protestante 261
Bibliotecária : Aline Graziele Benitez CRB-1/3129

Alameda Santos, 1000, Andar 10, Sala 102-A – São Paulo, SP, CEP: 01418-100
www.thepilgrim.com.br

Para Ambrose Fredstrom Meador. Que você,
como os que carregam seu sobrenome, sempre veja
e ame os feridos e os chame para a vida de paz.

À memória do padre Teddy Molyneaux,
sacerdote fiel e cristão corajoso. Estou ansioso para
nos encontrarmos novamente do outro lado do rio.

Você que viu as asas da escuridão se erguendo e ouviu o sussurro enevoado do mar, proteja agora o seu coração com paciência e mantenha-o livre.

Não permita que a destruição sonora e o tumulto incitem sua mente em transformação a um prêmio menor; guarde a fé na beleza agora, e nas estrelas derradeiras que você pode encontrar.

JANE TYSON CLEMENT

Uma teologia para o nosso tempo deve nos ajudar a saber que o Ser é de fato o teatro da glória de Deus e que dentro dele temos um privilégio terrível, uma capacidade profunda para errar e de graves danos. Podemos arriscar uma resposta à pergunta de Deus: onde você estava quando eu te criei? Estávamos ali, potenciais e implícitos e, pela graça de Deus, inevitáveis, mais imparáveis que o mar, impenetráveis como o Leviatã, naquele ventre profundo do tempo quase ouvindo os filhos de Deus quando bradavam de alegria. E nós estamos aqui, seus filhos ainda em formação, ainda abrindo nossos olhos para uma realidade cujas surpresas nunca podemos esgotar.

MARILYNNE ROBINSON

Quem não quer ser persuadido de que é capaz de estabelecer um reino dos céus na terra, ou fazer de seu próprio lar ou posição uma casa ou templo de Deus, está caminhando para o diabo. Pois onde há serviço a Deus, há céu. Quando sirvo ao próximo, já estou no céu, pois estou servindo a Deus.

MARTINHO LUTERO

SUMÁRIO

PREFÁCIO À EDIÇÃO BRASILEIRA

Guilherme de Carvalho[1]

TRAGO BOAS NOVAS: o livro que você agora tem em mãos é sensacional.

Na casa dos debates sobre fé e sociedade o ar anda pesado há alguns anos; abafado, tóxico e, para muitos, alergênico. Ler Jack Meador foi como escancarar as janelas e tomar uma lufada de ar fresco! Mas para explicar o alívio que senti, acho que preciso dar ao leitor um pouco de contexto.

O mundo evangélico brasileiro vive há muitos anos um profundo dilema espiritual. É um dilema com respeito à realidade. Por um lado, há uma busca intensa da realidade de Deus, de sua presença poderosa na igreja e na vida. Não é à toa que as igrejas evangélicas tanto crescem. Por outro lado, há um sentimento de que essa vida com Deus precisa tocar o chão, mudar as coisas, tornar-se visível. Não é à toa que ninguém parece satisfeito em como a sociedade percebe os evangélicos e como estes são representados na política. Em tese, uma coisa deveria se seguir da outra; mas

1 Teólogo e pastor evangélico reformado, fundou a Associação Kuyper para estudos transdisciplinares e é o diretor do L'Abri Brasil.

unir as duas tem sido mais difícil do que parece. Frequentemente, ao enfatizar uma coisa, os crentes acabam abandonando a outra.

Eu cresci num ambiente cristão e carismático, com esse senso vivo de um Deus presente, que responde às orações e toca na vida das pessoas. Vivi isso um pouco antes da contaminação da "teologia da prosperidade", em meados dos anos 1980, e esse lado "vertical" da fé ficou guardado no meu coração. Mas o amadurecimento pessoal e teológico me fez ver que não poderíamos ser ingênuos na hora de demonstrar essa fé no mundo. Pois a verdade é que o evangelho é simples, mas o mundo é complicado. O que essa fé significa para a cultura pop, para a vida universitária, para o cinema, para a ciência e para a saúde emocional? O que ela significa para as questões políticas, econômicas e ambientais?

Por um tempo eu quis evitá-las e focalizar minha comunhão com Deus, mas as demandas se mostraram irreprimíveis, acumulando-se na minha porta e esperneando por respostas. Que responsabilidade temos com a convergência entre tecnologia e a indústria pornográfica, com experiências cada vez mais imersivas? Ou com as transformações no direito de família, que enfraquecem a ordem familiar? Ou com as exigências do departamento de comunicação da empresa, de que todos os funcionários participem da Semana do Orgulho Gay? E quanto às evidências de que o desmatamento está alterando o regime de chuvas no Brasil?

Alguns cristãos "resolvem" essas questões com tampões nos ouvidos. É o caminho da negação. "O que importa é alcançar as nações, não é mesmo?"

Outros admitem que é necessário lidar com essas demandas da realidade, mas não buscam respostas intencionalmente cristãs para esses assuntos. Eles assumem que basta ao cristão ser "ético", num sentido geral. E a base para discernir qual seria o posicionamento "ético", em cada situação, viria de fora da fé, resultando de um consenso da sociedade laica, de um compromisso bem-informado com o "progresso civilizatório" (ou sua conservação). Caberia ao cristão ter o bom-senso e a humildade de ler os jornais, conhecer as opiniões de intelectuais influentes e se comprometer com esse "progresso civilizatório". Afinal, todo mundo sabe o que é ser "bom". O problema é que nem todos querem ser bons. A diferença do cristão em relação ao mundo estaria apenas, então, na qualidade das suas motivações na busca de uma vida ética: o cristão deveria apresentar um grau profundo de amor, afeto e empatia pelo próximo. Deveria querer mais e melhor.

Mas será que isso é suficiente? A pergunta poderia ser formulada nos seguintes termos: a fé em Jesus Cristo e nas Escrituras tem influência substantiva em nossa imaginação moral ou é apenas uma fonte de esperança e de motivação para a vida cristã? Ela é constitutiva ou apenas inspirativa?

Não tenho dúvidas de que a fé cristã é não apenas inspirativa, mas também moralmente constitutiva. Em primeiro lugar, porque isso é logicamente inevitável: se você faz uma faculdade, vota, tem amigos, assume um cargo na empresa, se torna um funcionário público ou tem uma conta no Instagram, você está exposto, porque terá de tomar decisões. E decisões envolvem posicionamentos diante da realidade. Se enxergamos o mesmo mundo e os mesmos problemas, podemos deliberar juntos sobre a realidade e caminhar na mesma direção. Evidentemente, no entanto, cristãos e não cristãos têm divergências substanciais sobre o que é certo e errado e sobre quais são as prioridades na vida.

Entretanto, como qualquer um pode constatar lendo as Escrituras, é evidente que a revelação divina traz ensinos substanciais sobre a natureza da realidade, sobre como discernir entre o bem e o mal, e sobre o destino do ser humano. A Bíblia traz instruções substanciais, por exemplo, sobre ética do trabalho, sobre propriedade privada, sobre o cuidado do pobre, sobre tirania e escravidão, sobre a reputação do próximo, sobre o que chamamos hoje de "direito à vida", sobre sexo e sobre ordem familiar. O próprio conceito bíblico de sabedoria se estende para além da mera "inspiração" para o compromisso moral.

E aqui voltamos ao dilema que mencionei no início: a transição do entendimento do evangelho para a sua demonstração na realidade da nossa vida social e pública não é trivial. Exige oração, meditação e unidade na igreja. Exige acordos, decisões conjuntas e comunidade. Exige reflexão coletiva. Na comunidade ensinamos os bons exemplos e a coerência com nossos princípios pode ser aferida.

A conclusão inescapável, para mim, é a de que, além de ensinar o mesmo evangelho bíblico, os cristãos precisam compartilhar de uma doutrina social. Com esse termo, refiro-me a consensos básicos sobre a sociedade e sobre a vida moral nessa sociedade que tenham sólidas raízes no evangelho e que tragam orientações iluminadoras e práticas sobre o nosso testemunho no mundo.

Podemos dar exemplos óbvios aqui: sob essa definição caem as discussões sobre a questão do aborto, do sexo fora do casamento conjugal heterossexual, da conservação ambiental, da propriedade privada e do propósito do trabalho e da vida profissional. Essas coisas têm dimensões jurídicas e políticas, mas também dimensões morais individuais e comunitárias, que tocam a vida da igreja.

E aqui entra Jack Meador, com sua lufada de ar fresco! Depois de uma obra anterior sobre o tema, muito caro para mim, do bem comum,[2] seu novo trabalho oferece uma belíssima introdução a uma doutrina social cristã, no sentido mais amplo possível.

Meador começa apresentando o testemunho cristão silencioso de um padre, na luta contra o *apartheid* na África do Sul, para desafiar o leitor a aspirar por algo maior, acima das polaridades políticas atuais. Logo depois, lança o fundamento de uma visão cristã da natureza.

Em sua prosa, voltada para os temas da nossa dependência da criação e de uma espiritualidade de gratidão, nota-se

---

2 MEADOR, Jake. *In search of the common good*: Christian fidelity in a fractured world. Downers Grove, IL: InterVarsity Press, 2019.

a profundidade de suas raízes teológicas. Acompanhando as ideias do grande neocalvinista holandês Herman Bavinck, Meador concorda que uma visão de mundo despersonalizadora, centrada na vontade de poder e na dominação da natureza, tornou-se hegemônica na Europa; e que seria necessário recatequizar o povo cristão a partir de uma visão de mundo afirmadora da vida, da realidade e da bondade da criação – uma "cosmovisão cristã". Meador chega até mesmo a debater brevemente qual seria a melhor teologia natural (nosso tema preferido no projeto Cristãos na Ciência). E nosso teólogo vai buscar na visão clássica de Deus e de seus atributos o ponto de partida para vermos a natureza como dádiva divina para a nossa alegria e para a sua glória.

Estabelecido esse fundamento, nosso autor prossegue ao exame da transformação ideológica trazida pela modernidade: "o grande desenraizamento", com seus frutos doentes do racismo, do colonialismo, da exploração predatória do meio-ambiente e da perda do sentido de localidade, corporeidade e pertença. E, partindo dessa discussão mais ampla sobre a ideologia da modernidade, logo nos vemos meditando sobre os efeitos do industrialismo, da Revolução Sexual, da perda generalizada da experiência de maravilhamento e, com ela, de nossas conexões com a realidade. Sua crítica atualizada e sensível da modernidade, como um grande processo revolucionário e negador da realidade da natureza, lembra aquelas desenvolvidas anteriormente, por exemplo, por Francis Schaeffer e Bob Goudzwaard, mas ampliada com novos temas fundamentais, como o do racismo sistêmico, em diálogo com Willie James Jennings.

Depois de sua crítica fundamental ao sistema moderno, Jack Meador introduz com toda a clareza o coração pulsante de seu trabalho, no sexto capítulo: "Contra a revolução: os primórdios da doutrina social cristã". E, para a minha surpresa, ele abre o capítulo relembrando seu tempo na casa de L'Abri em Rochester, Minnesota, com Jock McGregor, nosso bom amigo em comum. Lá ele experimentou aquelas coisas típicas de L'Abri: hospitalidade, trabalho, chá (ou café, no Brasil) e essa experiência de enraizar-se e pertencer, que é o contrário da revolução moderna.

Emocionei-me reconhecendo ali os temas fundamentais: o princípio do amor refratado em uma ética social, segundo o trabalho pioneiro do reformador Martin Bucer; a ideia de "presença fiel" como síntese da atitude cristã encarnacional, tão bem exposta recentemente por James Davison Hunter; e o grande princípio da catolicidade, segundo o já citado Herman Bavinck.

Nos capítulos seguintes o jovem teólogo desembaraça o novelo explicando o que essa ética significa para grandes áreas de crise moral moderna: a atitude cristã para com a terra e os animais, como rejeição da postura predatória; a ética cristã do sexo, do casamento e da família diante do desastre da Revolução Sexual; e uma visão elevada e missional da família, não como fuga de um mundo impessoal, mas como o ponto de partida para a renovação da sociedade.

Meador nos brinda até mesmo com críticas ao capacitismo, em favor de uma visão elevada da dignidade humana e de todas as criaturas como ícones divinos, mesmo com suas fragilidades. Finalmente, ele propõe uma política de cuidado na qual entregamos tempo e recursos para servir ao outro, por meio da comunidade, da presença, do cultivo amoroso do lugar e do pertencimento geográfico.

A obra não é, já adianto, um tratado sistemático sobre teologia moral, colecionando e discutindo os vários textos bíblicos relevantes e confrontando visões teológicas divergentes. Nem é uma discussão rigorosa e logicamente encadeada de teologia filosófica, nem mesmo é original do ponto de vista da análise cultural cristã. Mas é surpreendente, sim, que, entre tantos livros, este se destaque pela capacidade de acertar com poucas palavras e cobrir o essencial. Meador combina muito bem testemunhos pessoais, sólida fundamentação teológica, uma crítica refinada do mundo moderno, interação com as mais variadas correntes e um sóbrio diálogo entre perspectivas reformadas e católicas. É a melhor introdução evangélica ao tema de que tenho conhecimento.

Mas além desses e de outros elogios possíveis, quero concluir esse prefácio com uma observação sobre a atualidade da abordagem de Meador. Ele não toma os atalhos fáceis, de "batizar" pacotes ideológicos da direita conservadora ou do progressismo de esquerda. O leitor atento notará que o autor é capaz de falar de modo inteligível sobre questões como a origem do privilégio branco, do racismo e da conservação ambiental, ao mesmo tempo em que instrui o leitor sobre a importância das agendas morais da vida, da família e do casamento conjugal heterossexual. Mas ele não faz isso arbitrariamente, recortando e colando fragmentos de agendas laicas. Seu argumento é claramente orgânico e principiológico; procede de uma doutrina de Deus, de uma teologia e uma filosofia cristãs, para a partir desses princípios construir uma doutrina social.

Nosso autor evita os pacotes prontos e toma a estrada longa, mas recompensadora, de buscar a mente cristã consistente. E, nesse processo, ele consegue superar abordagens mais tradicionais, incapazes de dialogar com temas atuais que são caros aos jovens contemporâneos. Com isso, Meador estabelece uma ponte entre as novas gerações e o cristianismo clássico.

Recomendo Jack Meador a cada cristão e a cada igreja. Recomendo-o até mesmo como leitura básica para nossas classes de discipulado. Há muita estrada ainda no caminho de aproximar nossa experiência da realidade de Deus com as realidades da vida moderna, mas com este livro o leitor tem um mapa confiável para iniciar a jornada.

PREFÁCIO

Karen Swallow Prior

AS RESPOSTAS PARA as perguntas mais difíceis e complicadas que enfrentamos como seres humanos começam a ficar mais claras quando consideramos o *telos*, ou propósito, em relação aos elementos de um determinado dilema. Por que essa coisa existe? Para que serve? Qual é o propósito desse relacionamento? E o da vida humana? Qual é a melhor forma de cumprir nosso propósito e ajudar o próximo a fazer o mesmo? Essas perguntas devem ser feitas a florestas, ferrovias, celulares e canetas-tinteiro, bem como a pessoas, comunidades e instituições. E — como Jake Meador pergunta nas páginas que se seguem — também devemos perguntar para que servem os cristãos.

É uma marca dos cristãos particularmente modernos dar tanta atenção ao que fazemos (moralidade) e ao que pensamos (cosmovisão) que talvez tenhamos esquecido de considerar por que estamos aqui. Levei a maior parte da minha vida para começar a ver o que este livro revela de forma tão clara e convincente — que o propósito cristão consiste em mais do que o que fazemos ou pensamos. Mesmo sendo nascida em um lar cristão e em uma família que ama a igreja, tornei-me especialista em separar minha fé cristã do resto da vida. Eu nem precisei tentar. Nasci de novo, mas não sabia viver porque não sabia para que servia a minha vida.

Não acho que estou sozinha nessa. Para muitos cristãos de agora, isso parece um pouco como o fim do mundo, ou pelo menos o fim de *um* mundo. Parece que a igreja — ou pelo menos a igreja evangélica americana do século 21 — atingiu os limites do que o pensamento e a ação corretos podem fazer pelas nossas almas, ainda mais pela vida que devemos viver juntos — cristão e não cristão, conservador e progressista, urbano e rural, saudável e doente, abastado e carente —, até que nossas vidas e este mundo realmente encontrem seu fim.

Para que servem os cristãos? oferece comoventes lembretes de tempos e lugares em outros momentos da história que certamente pareciam o fim do mundo para aqueles que viviam em tais contextos, incluindo os que faziam parte da igreja: a escravidão americana, o *apartheid* sul-africano, a Europa existencial de Nietzsche e os horrores da Grande Guerra (que, é claro, seriam seguidos por horrores ainda maiores décadas depois).

Na verdade, foi durante esse contexto da virada do século que o teólogo holandês Herman Bavinck desenvolveu e articulou seu influente conceito de cosmovisão cristã, em grande parte como uma resposta às cosmovisões insuficientes, mesmo falsas e perigosas, prevalecentes em sua época e influenciando àquela igreja. Essa história, observada posteriormente neste livro, lembra que nós — os que se sentem mal no mundo contemporâneo — não estamos sozinhos. Bavinck observou a partir de seu próprio tempo, tão apropriadamente que poderia estar falando do nosso, que "a peculiaridade deste momento é que todos sentem uma época de mudança, quando todos percebem que não podem permanecer os mesmos, e que alguns anseiam para que este momento passe mais rápido do que outros. Há uma desarmonia entre nosso pensar e nosso sentir, entre nosso querer e nosso agir". As palavras nos lembram que, embora as especificidades mudem de acordo com o tempo e as circunstâncias, a vocação dos cristãos permanece a mesma.

É por isso que as páginas que se seguem neste livro são estranhamente reconfortantes. Jake Meador nos lembra que o propósito da vida cristã nunca muda de acordo com o tempo, lugar ou *status*, mesmo que nós, de lugares e perspectivas particulares, tenhamos dificuldade em ver e aplicar uma visão tão completa no todo.

Nossa visão é obscurecida por muitas coisas, a maioria delas consequências das distorções da modernidade. (Para ser clara, cada era tem seus próprios enganos.) Mesmo os cristãos que creem e vivem pelas doutrinas ortodoxas da igreja histórica não podem deixar de ser formados também por nosso *ethos* cultural mais amplo, no qual a natureza é reduzida à matéria, a comunidade é substituída por instituições, a alma é reduzida ao ego e o corpo torna-se apenas a soma de suas partes. Os ídolos do mundo — na verdade, os meros ídolos da América moderna — às vezes, até mesmo muitas vezes, tornam-se ídolos na igreja. Somos tolos se deixarmos de reconhecer que mesmo uma cosmovisão cristã baseada em verdades eternas imutáveis é uma lente turva.

O que precisamos, além de uma visão mais clara, é de um senso maior de totalidade: uma forma completa de ser, que transcenda as distorções da nossa era.

Um sentido revivido de nós mesmos como criaturas corporificadas — corpos de épocas e lugares específicos que, no entanto, são como todos os outros corpos humanos, feitos à imagem de Deus e com um propósito — ajudará a resolver quase todas as crises que enfrentamos como igreja e civilização hoje. Nós, a igreja, somos um corpo, e cada um de nós, individualmente, somos corpos. Os cristãos são um povo chamado a se submeter a Jesus, tanto como indivíduo quanto como corpo, e aos outros, e a administrar a terra que ele criou e a servir bem a cada corpo que ele formou. "As pessoas não podem ser completas sozinhas", observa Wendell Berry em *The Unsettling of America*

[A perturbação da América]. “Se o corpo está saudável, ele está completo. Mas como pode ser completo e ainda assim ser dependente, como obviamente é, de outros corpos e da terra, de todo o resto da criação, de fato? Imediatamente fica claro que a saúde ou integridade do corpo é um assunto vasto e que preservá-lo exige um enorme empenho.”[3]

Sim, é um assunto vasto que exige um enorme empenho. É mais vasto que o universo, mas não mais vasto que o Criador e sustentador desse universo. Berry continua: “Se a alma deve viver neste mundo apenas negando o corpo, então sua relação com a vida terrena torna-se extremamente simples e superficial. De fato, simples e superficial demais para lidar com o mundo de alguma forma significativa ou útil”.[4]

Este livro não é simples nem superficial. De fato, há tanta sabedoria e tanta integridade nessas páginas, que lê-las nos leva a imaginar como nos perdemos tanto. Na verdade, este livro me enche de saudade. É um sino que chama todos ao alcance de sua voz para voltar para casa e se reunir ao redor da mesa para um banquete abastado que será nosso para desfrutarmos para sempre.

---

3 BERRY, Wendell. *Essays*: 1969-1990. Nova York: The Modern Library, 2019, p. 335.

4 Idem, p. 337.

INTRODUÇÃO

A POLÍTICA DA VIDA INTEIRA NO FIM DO MUNDO

O VOO DE Joanesburgo para Londres dura dezoito horas. É um dos voos mais longos do mundo. Ao embarcarmos no avião, já tendo feito um voo de Lusaka, Zâmbia, para Joanesburgo e agora vindo de uma escala de seis horas no aeroporto daquela cidade, meus amigos e eu estávamos cansados, e não prestei muita atenção ao homem idoso com uma camisa preta quando se sentou ao meu lado.

Lutei para dormir no começo, mas finalmente desisti e me endireitei um pouco no assento. Logo o homem e eu começamos a conversar, como às vezes as pessoas fazem em um avião.

— O senhor trabalha com o quê? — perguntei a ele.

— Por que você não adivinha? — ele me perguntou com um tom bem humorado.

— O senhor é professor? — perguntei.

— Isso faz parte.

— Um conselheiro?

— Sim, certamente.

— Um advogado?

Ele sorriu e disse:

— De alguma forma, sim.

Finalmente, desisti. Ele sorriu de novo e então estendeu a mão para o colarinho da camisa, enfiando dois dedos nele, e lentamente puxou um colarinho clerical branco, que ele havia dobrado para ser mais discreto, suponho.

Nós sorrimos.

— Meu nome é Jake — eu disse.

— Prazer em conhecê-lo, Jake — respondeu ele. — Eu sou o padre Ted.

Um pensamento me ocorreu. Ted era um padre católico romano idoso, branco, que vivia na África do Sul em 2007. Estávamos a menos de 20 anos do fim do *apartheid*. Ele esteve lá durante esse período ou veio para o país mais tarde? O que ele fez durante aqueles anos se morou lá? Eu queria saber, mas como você faz esse tipo de pergunta a alguém de maneira polida? Eu não tinha certeza. Continuamos a conversar um pouco. Por fim, ele decidiu dormir e eu abri as opções de filme noturno e coloquei meus fones de ouvido.

Encontrei um filme de 1987 do qual eu nunca tinha ouvido falar, chamado *Cry Freedom* [Um grito de liberdade], dirigido por Richard Attenborough. É a história de Steven Biko, um ativista negro da África do Sul que foi assassinado pela polícia enquanto estava sob custódia em 1977. Biko era a figura central em um movimento chamado Consciência Negra, que buscava incutir um senso de orgulho, dignidade e autoestima em negros sul-africanos que foram oprimidos pelas injustiças do *apartheid*.

O ativismo de Biko teve um resultado previsível: ele foi colocado em prisão domiciliar por motivos ilusórios, encarcerado quando foi flagrado violando o regime domiciliar e, em seguida, espancado até a morte na cadeia. O governo divulgou um comunicado à imprensa afirmando que ele morreu em uma greve de fome. Ele tinha trinta anos. Biko deixou uma viúva, vários filhos e um movimento que mais uma vez ficou sem líder.

A história poderia ter terminado aí. A polícia sul-africana matou centenas, senão milhares, de pessoas durante a era do apartheid. Biko não era incomum nesse aspecto, mesmo sendo mais proeminente do que muitas das outras vítimas. Mas um amigo de Biko — um jornalista católico e branco chamado Donald Woods — não acreditou no relato oficial de sua morte. O próprio Biko disse a Woods que ele nunca faria nada para colocar em risco sua própria saúde ou tirar a própria vida se estivesse preso. Ele disse a Woods para não acreditar se ele morresse e o governo afirmasse que ele havia tirado a própria vida. Então Woods, usando suas credenciais de imprensa, conseguiu fazer o reconhecimento do corpo de Biko. Ele contrabandeou uma câmera, tirou fotos que mostravam claramente que Biko havia sido espancado até a morte e, em seguida, escapou do necrotério com o filme. Ele enviou as fotos ao redor do mundo, contando a todos a verdade sobre o que o governo sul-africano havia feito a Steven Biko.

O governo respondeu como você poderia esperar. Eles colocaram Woods em prisão domiciliar. Eles também começaram uma longa campanha de intimidação que tinha como alvo não apenas Woods, mas também sua esposa e seus filhos. A polícia atirou em sua casa à noite. Eles fizeram ligações ameaçadoras. Woods e sua esposa decidiram que era hora de ir embora depois que sua filha de 5 anos recebeu uma camiseta pelo correio com o rosto de Biko estampado na frente e revestida por dentro com produtos químicos que queimaram seu rosto e braços quando ela tentou vesti-la.

Mas como eles poderiam escapar? Woods estava em prisão domiciliar. Ele precisaria de um disfarce e combinou com um amigo o seguinte: um padre católico concordou em dar a Woods seu passaporte para que ele pudesse se disfarçar de padre e talvez passar pela fronteira usando a credencial religiosa. Se ele fosse pego, é claro, o padre sofreria ao lado de Woods.

Então, um dia, Woods, com seu cabelo tingido de preto para combinar com o cabelo do padre e vestido com uma camisa preta de colarinho e gola clerical, esgueirou-se para a garagem de sua família e deitou-se no assoalho no banco de trás do carro enquanto sua esposa dirigia. Assim que escaparam da vigilância, ele saiu do carro e pegou carona até a fronteira, onde encontrou o padre, que o ajudou a atravessar. Quando saiu do país, ligou para a esposa, e ela e os filhos o seguiram até o outro lado da fronteira. De lá, eles fugiram para Londres, e Woods embarcou em uma longa e histórica carreira de ativismo antiapartheid que o levou, a convite do presidente Jimmy Carter, a se tornar o primeiro cidadão comum a se dirigir às Nações Unidas. Foi uma história notável e um filme notável. Naquela noite, eu adormeci em algum lugar na África Ocidental, pensando em Biko e Woods.

Quando acordei, estávamos quase em Londres. O padre estava acordado, bebendo uma xícara de café.

— Perdoe-me, mas eu vi o filme que você estava assistindo na noite passada — ele disse.

— O que você achou? — eu disse que tinha gostado e perguntei se ele tinha visto.

— Oh, sim — ele disse. — Eu conheço bem a história.

Perguntei se ele se lembrava de Biko — talvez fosse assim que eu pudesse fazer a pergunta que havia formulado na noite anterior.

— Sim, eu estava na África do Sul quando Biko estava em atividade — disse ele. — Ele foi um bom homem e eu o admirava.

Então ele me fez uma pergunta:

— Você viu a nota no início do filme sobre como dois nomes foram mudados na história para proteger certas pessoas? — eu me lembrava disso, vagamente.

— Bem — explicou o padre —, eles fizeram isso porque o filme foi feito em 1987. O governo africâner ainda estava no poder e duas pessoas envolvidas naquela história ainda viviam na África do Sul. Eles teriam muitos problemas se suas identidades tivessem sido reveladas.

Ele continuou:

— Um dos dois nomes que eles mudaram no filme era o meu.

Você pode imaginar meu queixo caindo.

— Você era o padre? — eu praticamente gritei no avião com quase todos os passageiros ainda adormecidos.

Ele sorriu.

— Sim, eu dei a Donald meu passaporte para usar na fuga do país. Ele era um bom amigo e um bom homem. Sinto falta dele. — (Woods morreu de causas naturais vários anos antes de eu conhecer o padre Ted, mas viveu para ver o fim do *apartheid*.)

A essa altura, estávamos começando nosso desembarque.

— Conte-me tudo — implorei. Então, ele me contou sobre Biko e Woods e sobre a coragem não só de Donald Woods, mas também da viúva de Steve Biko e seus filhos, e da esposa de Donald e seus filhos, e dos muitos amigos de Biko que continuaram seu trabalho depois que ele foi assassinado.

Logo estávamos em nosso portão. Desejei que um dos voos mais longos do mundo pudesse ter sido um pouco mais longo.

Encontrei os amigos com quem tinha estado na Zâmbia perto do nosso portão em Heathrow e comecei a falar-lhes sobre ele. "Você tirou uma foto?", um deles perguntou. Sem responder, saí correndo, procurando freneticamente pelo padre. Surpreendentemente, eu o encontrei. Corri até ele e pedi uma foto. Ele sorriu e encontramos alguém para tirar nossa foto. Então nos separamos.

Até hoje, sentado perto da minha escrivaninha em meu escritório, está a foto de um homem cristão comum que anonimamente fez sua parte para garantir que o mundo soubesse sobre os males cometidos na África do Sul. Você nunca ouviu falar dele, é claro, mas ele é um de quem o mundo não era digno, que agora foi para sua recompensa, tendo morrido em 2019 na África do Sul entre as pessoas que ele amou e pastoreou por meio século.

O padre Ted não era um político radical. De fato, durante seu longo ministério na África do Sul, ele manteve um padrão de vida bem baixo. "Ele não queria chamar a atenção da polícia", disse Dillon Woods, filho de Donald, em uma entrevista à rádio irlandesa após a morte do padre Ted.[5] "A polícia foi brutal, matando pessoas da esquerda, da direita e do centro." Em meio a toda essa violência e horror, o padre Ted ministrou em áreas rurais e bairros negros, fazendo o trabalho de um padre católico comum. Ele celebrava a missa, rezava, fazia homilias, administrava a extrema-unção, batizava bebês e recém-convertidos. Ele também aprendeu vários idiomas, incluindo um dialeto singular, sobre o qual ele me falou um pouco no avião, e traduziu partes da Bíblia para os idiomas de seus paroquianos. Ele via tudo isso como parte de sua vocação como sacerdote.

"Era vital para ele não ser perseguido pela polícia", disse Dillon Woods. "Ele continuou trabalhando nos bairros e levantou enormes quantias de dinheiro para programas comunitários. [...] Ele pensava que seu chamado era seu trabalho na igreja, então não queria estar no centro das atenções, por assim dizer. [Sua história] só veio à tona em seu funeral [em 2019]." O padre Ted era um homem extraordinariamente talentoso, mas a maior parte de sua vida foi dedicada ao trabalho pastoral e missionário mais comum, e era assim que ele desejava que fosse. Mas quando viu uma chance de ajudar um amigo no combate à injustiça social em uma escala maior, além de seu ministério menor nos distritos, padre Ted não hesitou. "Ele estava apavorado", disse Dillon Woods, "mas mesmo assim fez o que Deus o chamou para fazer".

Padre Ted representa uma abordagem particular do cristianismo e da vida pública. Mais popularmente, essa abordagem tem sido chamada de filosofia política da "vida inteira" porque está preocupada em criar uma sociedade que seja amplamente aberta e que apoie a vida "do ventre ao túmulo", como diz o ditado. Tal sistema político preocupa-se tanto com a justiça social

---

5 Radio Kerry. *"How a Listowel Priest Helped Dismantle Apartheid"*. Disponível em: www.radiokerry.ie/podcasts/kerry-today/listowel-priest-helped-dismantle-apartheid-south-africa-april-3rd-2020-212046. Acesso em: 03 de abril de 2020.

quanto com a piedade cristã comum na vida de cada crente. Ele deseja elevar os pobres e proteger os que ainda não nasceram. É, na maior parte, uma escola não representada na política americana contemporânea e histórica. É precisamente por causa dessa falta que a herança cristã de nossa nação sempre foi não apenas incompleta, mas exclusivamente comprometida.

A história do cristianismo americano é o que C. S. Lewis poderia ter chamado de "Cristianismo e...". Lewis desenvolveu essa ideia em *Cartas de um diabo a seu aprendiz*, onde o demônio mais experiente instrui um substituto sobre como atacar com sucesso a piedade e a fé de um novo crente. Se o demônio sempre pode manter o cristianismo do "paciente" intrinsecamente ligado a outra coisa além de sua fé cristã, então essa fé pode ser manipulada para apoiar virtualmente qualquer coisa e será esvaziada de muito de seu poder transformador na vida tanto do indivíduo quanto da sociedade em geral. Embora existam muitas variantes de "Cristianismo e", uma em particular há muito atormenta e aflige o corpo de Cristo na América, bem como o corpo político americano.

O ativista abolicionista Frederick Douglass foi um dos analistas mais astutos das formas como a prática cristã da América foi comprometida. Douglass argumentou que o cristianismo americano quase sempre foi uma espécie de cristianismo acomodado, modificado e adaptado para se adequar aos desejos econômicos e aos preconceitos pessoais de muitos americanos. As reivindicações morais do cristianismo — com o radicalismo total não apenas do Sermão do Monte, mas também, francamente, dos escritos comuns sobre dinheiro, pobreza e amor ao próximo — eram rotineiramente modificadas e limitadas nos Estados Unidos de maneiras que protegiam os interesses dos ricos e ameaçavam a dignidade básica de negros e indígenas.

Nunca esquecerei a noite em que participei de um estudo bíblico do ministério universitário enquanto líamos Tiago 1. Chegamos ao famoso versículo no final do capítulo, onde o autor diz que a religião pura e imaculada diante do Pai cuida de viúvas e órfãos em perigo. Esse ministério universitário estava conectado a uma igreja extremamente rica. Muitos de nós na sala estávamos comparativamente bem. O líder do grupo olhou para nós e disse: "Bem, não há viúvas ou órfãos em nossa igreja" (o que nem era verdade), "então isso significa apenas que precisamos cuidar uns dos outros". Poucos minutos depois, o estudo foi encerrado e seguimos nosso caminho, indiferentes ao fato de que havia moradores de rua sentados nas esquinas, com fome e frio, a três quarteirões da propriedade da igreja que abrigava o estudo.

Muito frequentemente na história de nossa nação, os crentes comuns foram isolados da plenitude do discipulado cristão; existe um amortecedor que separa muitas esferas da vida do chamado de Cristo. Isso não afeta apenas a nós, mas também ao nosso próximo, que muitas vezes tem sido privado do amor cristão que somos chamados a demonstrar. O resultado tem sido uma divisão entre as práticas comunitárias cristãs e a piedade prevista em grande parte das Escrituras e da história da igreja, por um lado, e as práticas e piedade reais de muitos cristãos americanos, por outro. O problema é antigo, por isso é tão difundido em nossos dias e tão difícil de nomear.

Mas Frederick Douglass, sendo ele próprio um cristão devoto, conseguiu nomeá-lo. Escrevendo em meados do século 19, ele afirmou:

> Entre o cristianismo desta terra e o cristianismo de Cristo, reconheço a maior diferença possível — tão ampla que, para receber um como bom, puro e santo, é necessário rejeitar o outro como mau, corrupto e perverso. Ser amigo de um é necessariamente ser inimigo do outro. Amo o cristianismo puro, pacífico e imparcial de Cristo: portanto, odeio o cristianismo corrupto, escravista, chicoteador, saqueador, parcial e hipócrita desta terra. De fato, não vejo razão — a não ser a mais enganosa — de chamar a

> religião desta terra de cristianismo. Eu vejo isso como o clímax de todos os equívocos, a mais ousada de todas as fraudes e a mais grosseira de todas as calúnias.[6]

O escritor Wendell Berry ecoou as preocupações de Douglass mais de cem anos depois em seu livro *The Hidden Wound* [A ferida oculta]:

> Considere a situação moral do senhor que se sentava na igreja com seus escravos, atestando assim sua crença na imortalidade das almas das pessoas cujos corpos ele possuía e usava. Assim, ele colocou seu corpo, senão sua mente, no ponto crucial da mais profunda contradição de sua vida. Como ele poderia presumir possuir o corpo de um homem cuja alma ele considerava tão digna de salvação quanto a sua? Para evitar que essa pergunta se articulasse em seus pensamentos e exigisse uma resposta, teve que aprimorar um espaço vazio em sua mente, um silêncio, entre as preocupações celestiais e as terrenas, entre o corpo e o espírito.[7]

É esse espaço que existia nas mentes dos americanos brancos que criou nossa forma bifurcada e acomodada de cristianismo. Os ensinamentos dos Evangelhos, das Epístolas e dos Profetas tiveram de ser mantidos à distância da realidade da vida na América. O teólogo calvinista holandês Herman Bavinck pode ter resumido o problema de forma mais concisa: "Se Jesus ainda deseja manter alguma autoridade sobre nós, ele tem que tolerar ser introjetado na tribo ariana".[8] É fato que Bavinck falava no contexto europeu, mas ele se dirigia a uma igreja do norte da

---

6 DOUGLASS, Frederick. *Narrative of the Life of Frederick Douglass*. Nova York: Barnes and Noble Classics, 2003, p. 100 (Publicado no Brasil sob o título *Frederick Douglass*: Autobiografia de um escravo, por Editora Vestígio).

7 BERRY, Wendell. *The Hidden Wound*. Berkeley: North Point, 1989, p. 16, 17.

8 BAVINCK, Herman. *The Christian Worldview*. SUTANTO, Nathaniel Gray et al. (Org.) Wheaton: Crossway, 2019, p. 101.

Europa que, já no início dos anos 1900, mostrava sinais de preocupação com relação à idolatria nacional.

Por que a política de alguém como o padre Ted é tão incomum na América? Por que, em uma nação de mais de 300 milhões de habitantes, há tão poucos representantes proeminentes de uma política preocupada tanto com a retidão quanto com a justiça, a vida da família e a vida do mundo?

Uma resposta: porque muitas vezes não permitimos a nossos pretensos "padres Teds" encontrar todo o peso e radicalismo da mensagem cristã. O autor Michael Spencer lamentou isso em seus escritos finais, observando que muitas vezes a igreja americana recuou do discipulado cristão, favorecendo um caminho de paz e afluência pessoais em vez do difícil, mas alegre, chamado do discipulado cristão. Riqueza, conforto e preconceito muitas vezes condicionaram e modificaram a vocação da religião cristã nos Estados Unidos.

Isso é precisamente o que aconteceu na noite daquele estudo bíblico na faculdade, quando vimos a lei do amor conforme nos foi dada em Tiago 1 e nosso líder de grupo mitigou o ápice do mandamento. E as pessoas que sofrem por causa disso não são aquelas que possuem os meios para se sentirem confortáveis e seguras, mas aquelas que não os têm — como os sem-teto sentados na esquina a três quarteirões de onde estávamos lendo de maneira piedosa sobre o cuidado de Deus para com os destituídos.

O problema principal não é o povo cristão comum seguir Jesus pela metade e escolher voluntariamente ignorar certos mandamentos. A igreja americana está cheia de pessoas comuns que amam a Jesus e buscam servi-lhe e ao próximo em suas vidas diárias. Em muitas ocasiões, beneficiei-me de sua bondade e generosidade. O problema é muito mais complexo do que isso. É a maneira como nossa visão da vida cristã tem sido muitas vezes, de forma implícita, condicionada e definida para deixar os ídolos característicos do mundo ocidental intocados, ilesos e incontestados. É assim que os cristãos, muitas vezes sem perceber, têm acesso negado ao poder vivificante da piedade cristã e do discipulado pela própria instituição que deveria apresentá-los a ele: a igreja. Se nossa nação supostamente cristã não produziu nossos próprios "padres Teds" com mais regularidade, talvez seja porque nunca fomos realmente uma nação cristã.

Certamente, esse julgamento se mantém se considerarmos os escritos dos santos do passado. O reformador protestante do século 16, Martin Bucer, que foi mentor do jovem João Calvino, escreveu muito sobre o caráter e a bondade das nações cristãs, mas quase tudo pareceria perturbador e radical para muitos dos nacionalistas cristãos de hoje. Em seu livro *De Regno Christi*, que escreveu ao rei inglês como instruções para tornar a nação inglesa mais amplamente cristã, Bucer a certa altura exorta o rei a levar a sério a tarefa de ajudar os pobres:

> Essas práticas (aliviar a pobreza e ajudar aqueles que precisam de trabalho), portanto, como mencionamos, são próprias do Reino de Cristo, e todos os que não desejam sinceramente vê-los restaurados, como Cristo ordenou, testemunham abertamente sobre si mesmos — embora possam se gloriar em palavras sobre o Reino de Cristo — que na realidade eles não o reconhecem verdadeiramente, nem o procuram com sinceridade.[9]

Ele está dizendo que aqueles que não desejam aliviar a pobreza não buscam a Deus. Se você tolera a pobreza extrema, não tem o direito de se denominar parte de uma sociedade cristã. Lermos isso hoje é algo chocante. E, no entanto, Bucer dificilmente é taxado como um radical inflamado. Ele foi mentor de João Calvino e amigo próximo de Filipe Melanchthon, o braço direito de Lutero na promoção da Reforma Luterana. Aos olhos

---

9 BUCER, Martin. *Melanchthon and Bucer*. Filadélfia: Westminster, 1969, p. 257.

de muitos dos primeiros reformadores, Bucer era ao mesmo tempo uma das figuras mais gentis (exageradamente, alguns achavam) e uma das mais virtuosas. Se Bucer nos parece radical hoje, isso provavelmente diz mais sobre nós do que sobre Bucer.

Então, o que significa para nosso país ser uma nação autenticamente cristã? Significará o repúdio às crenças e opiniões que atacam a causa da vida e ameaçam a justiça. Significará defender as causas que o padre Ted representou. Vivemos em um mundo revolucionário, em que a pessoa humana, os animais e até a própria criação física foram reduzidos a coisas, submetidos a uma força implacável e cruel que nega às pessoas a "densidade ontológica" que é delas por direito em virtude de terem sido criadas por Deus. Toda uma visão política cristã pode ser irreconhecível tanto para democratas quanto para republicanos, mas isso ocorre apenas porque as visões políticas dominantes da vida ocidental hoje são profundamente desumanas e anticristãs. Mas não precisa ser assim. Por meio de sua alegria, retidão e justiça, cristãos comuns como o padre Ted nos mostram um caminho sobremodo excelente.

CAPÍTULO

1

UMA HERANÇA IMENSA

Um relato cristão da natureza

QUANDO VOCÊ É estudante universitário, nunca quer se encontrar em uma posição que exija um telefonema noturno para obter ajuda. Infelizmente, na véspera de Ano-Novo de 2009, encontrei-me em tal situação. Eu tinha passado por uma festa de réveillon por um curto período naquela noite, mas saí mais cedo sem falar com muitas pessoas ou mesmo tomar uma bebida. Passei um pouco de tempo em casa sozinho — meus companheiros de quarto estavam todos na festa — antes de decidir entrar no meu carro e dirigir para o interior.

Eu me formaria em cinco meses. Então, dois dias após a formatura, eu planejava me mudar para uma localidade a seis horas de distância da única casa que conheci — Lincoln, Nebraska — indo para St. Paul, Minnesota. Eu tinha muito em que pensar e precisava da quietude do campo. Um benefício de morar em Lincoln é que você nunca está a mais de vinte ou trinta minutos de estradas de cascalho e do silêncio e da luz que as estrelas podem oferecer depois de escurecer. Então me arrumei, entrei no carro e dirigi para a escuridão e o frio da noite de inverno do Nebraska. O termômetro marcava 16 graus negativos quando saí de casa.

Cheguei a cerca de trinta quilômetros a sudoeste da cidade e decidi pegar o acostamento e sair para caminhar um pouco. Eu não via um carro há algum tempo e imaginei que estaria seguro se ficasse longe o suficiente da estrada. Entrei no ano novo fumando meu cachimbo e olhando as estrelas. Há uma quietude na zona rural de Nebraska que considero cativante.

Há algo excepcionalmente belo nas noites frias de inverno. A neve parece absorver os sons, emprestando um sossego ao lugar que excede até o que é normal para a América rural. O que resta é o silêncio e a imensidão do céu, estendendo-se para o infinito através das terras agrícolas, enquanto plantas perdidas surgem cortando o branco, e uma árvore ocasional, com galhos pesados de neve, se estende em um gesto mudo de louvor ao seu Criador. É frio e ameaçador, mas de alguma forma ainda parece caseiro.

Há vida suficiente rachando a neve e alcançando o céu para saber que esta não durará para sempre, mas é um ínterim, até mesmo uma parte necessária da vida do lugar. O degelo ajudará a nutrir o solo e a prepará-lo para o plantio na primavera. Mesmo no inverno há vida para se ver, se você souber onde olhar e como ouvir. O que parece "morto" para muitas pessoas está, na verdade, vibrante de vida.

Esse conhecimento muda a forma como você olha o lugar. Quando você olha para as estrelas, não vê um "espaço" esterilizado, uma extensão vazia de frio morto. Você vê os céus, os campos de Deus, povoados por mais estrelas do que você jamais verá na cidade.

Naquela noite, eu precisava me sentir pequeno e ainda assim em casa no mundo. Estar vivo e, ao mesmo tempo, saber que é apenas uma parte de algo igualmente vivo e, ainda assim, muito maior, é um conforto. "O mundo está repleto da grandeza de Deus", escreveu Gerard Manley Hopkins.[10] Posso pensar em

10 HOPKINS, Gerard Manley. *"God's Grandeur"*. Disponível em: www.poetryfoundation .org/poems/44395/gods-grandeur. Acesso em: 03 de abril de 2020.

poucas maneiras de ser melhor lembrado disso do que andar em estradas de cascalho tarde da noite, ouvindo o barulho da neve sob os meus pés e olhando para as estrelas acima, quase imaginando que elas são, como muitos que vieram antes de nós acreditavam, seres vivos nos olhando.

Então me virei para voltar para o meu carro. E quando me aproximei, minha atenção foi atraída de volta para questões mais banais, como "ser capaz de ir para casa". Eu realmente deixei meu carro *tão* dentro da faixa de acostamento? Aproximei-me do lado do passageiro do carro e notei que os dois pneus desse lado tinham afundado assustadoramente na neve. Engolindo a seco, entrei no carro, liguei e tentei voltar para a estrada. Em vez de pegar a estrada, ouvi o som terrível que muitos moradores do centro-oeste americano conhecem bem: rodas girando inutilmente na neve.

Saí, usei uma pá de neve que tinha no porta-malas (presente dos meus pais, que me conhecem bem) e tentei tirar um pouco da neve. Não funcionou. Em seguida, tentei ligar para os meus colegas de quarto — sem resposta. E então me vi preso ao lado da Denton Road, 32 quilômetros a sudoeste de Lincoln, em um clima de zero grau, um pouco depois da meia-noite do dia de Ano-Novo de 2010. Eu tinha duas opções.

Primeiro, eu poderia ficar sentado no meu carro e esperar que meu chapéu, meu casaco de lã grosso, minhas luvas, minhas meias de lã e minhas botas pudessem me manter aquecido até de manhã, quando eu poderia chamar meus colegas de quarto para vir me buscar. (Quando eles estariam de pé?)

Em segundo lugar, eu poderia ligar para os meus pais. (Há muitos benefícios em morar na cidade onde você cresceu.)

Liguei para os meus pais.

Minha mãe respondeu grogue, sua voz imediatamente se tornando mais nítida e alerta quando percebeu quem estava ao telefone e a que horas ligava. Garanti a ela que estava bem e perguntei se poderia falar com meu pai. Ela passou o telefone e eu expliquei minha situação para ele.

— Fique aí — disse ele. — Estou a caminho.

Então papai saiu da cama, vestiu-se e foi ao meu encontro, chegando cerca de 45 minutos depois.

Quando ele chegou lá, olhou ao redor e embaixo do meu carro, e então olhou brevemente para mim. Ele não falou muito. Sem uma palavra ou mesmo um aceno de cabeça, ele limpou um pouco mais da neve. Então ele me disse para ligar o carro. Eu deveria engatá-lo na marcha mais baixa e pisar no acelerador lentamente. Ele abriu a porta do passageiro, ficou parado do lado de dentro da porta aberta, sem entrar no carro, e apoiou o ombro na estrutura do veículo. Então empurrou. Enquanto empurrava, ele foi me orientando como tirar o carro do buraco. Lentamente, colocamos o veículo na estrada.

Agradeci, depois me desculpei, provavelmente pela terceira ou quarta vez. Ele disse que estava tudo bem e perguntou se eu sabia como voltar para a cidade.

— Sim, eu sei — eu disse a ele.

Meu pai olhou para mim por um momento e respondeu:

— Por que você não me segue logo?

Não foi bem uma pergunta.

Constrangido, eu o segui de volta à cidade. Ao chegarmos ao limite oeste da cidade, ele entrou em um posto de gasolina. Eu entrei atrás dele e nós dois saímos de nossos carros. Já eram quase duas da manhã. A temperatura estava bem abaixo de zero.

— Não faça isso de novo — disse ele.

— Não vou — eu respondi. — Obrigado.

Meu pai riu pela primeira vez desde que entrou em cena.

— Eu tinha uma caminhonete velha quando tinha sua idade. Você devia ter visto como eu consegui ficar atolado. Meu pai sempre vinha me buscar. — Então ele disse boa noite, entrou no carro e foi para casa.

Cheguei ao meu duplex alguns minutos depois e vi, para meu alívio, que meus colegas de quarto ainda estavam fora. Fui para a cama.

Contra uma vida sem dívidas

Por trás daquela história simples de um pai saindo no escuro e no frio para resgatar seu filho está uma verdade profunda, pelo menos se você entender a história como meu pai entendeu. Responder a essa situação não foi difícil para ele, pelo menos em um sentido. Para meu pai, não havia dúvidas do que ele precisava fazer assim que soube da minha situação. Ele precisava ir me encontrar, me tirar da vala e me levar em segurança para casa. Não poderia haver outra escolha. Era simplesmente a coisa "certa" a fazer. Como ele sabia disso? Bem, ele sabia disso de muitas maneiras, mas o motivo que se deu naquela noite em que estávamos parados no frio foi simples: o pai dele fez a mesma coisa por ele. A bondade paciente de uma geração e o cuidado com a próxima criam uma espécie de dívida, mas ao contrário das formas de dívida financeira que a maioria de nós conhece tão bem hoje, essa é uma boa dívida.

A ideia de uma boa dívida pode parecer estranha. Hoje em dia, estamos mais familiarizados com dívidas de empréstimos estudantis ou de cartão de crédito, ou talvez com as dívidas exorbitantes e injustas impingidas aos pobres por empresas de empréstimos consignados. Mesmo as dívidas que nos ajudam a acumular riqueza, como hipotecas, podem criar uma quantidade enorme de estresse e ansiedade. Talvez seja por isso que tantas pessoas se preocupam em ter uma "vida sem dívidas". Seja dos gurus financeiros da direita que aconselham as pessoas a se livrar das dívidas por conta própria, seja dos populistas econômicos da esquerda que buscam soluções em nível federal para o problema da dívida do consumidor, a suposição normativa em grande parte dos Estados Unidos hoje é que dívida é algo ruim e que viver livre dela é algo bom.

O que isso ignora, entretanto, é que viver completamente livre de dívidas é viver completamente livre de relacionamentos, ou pelo menos viver livre de relacionamentos formalizados que têm expectativas definidas sobre o que é dado e recebido entre duas partes. Viver sem dívidas é viver sem dependências, e as dependências são parte central de uma boa vida. Na verdade, viver em relacionamentos de dependência mútua é algo que os humanos fazem naturalmente. Considere a complexa teia de interdependências que moldam uma família. Esses relacionamentos de dependência podem, como todas as coisas, ser distorcidos e pervertidos, como é o caso da dívida financeirizada nos Estados Unidos. A solução para esse problema não é erradicar a dependência, mas estabelecer melhores bases para nossos relacionamentos e reconhecer como as relações de cuidado são uma parte necessária do atendimento aos fracos e como cada um de nós, em muitos momentos de nossa vida, é fraco.

O teólogo reformado suíço Emil Brunner disse que cada um de nós recebe uma "herança imensa" ao nascer.[11] Heranças, é claro, são dádivas beneficentes que nos foram transmitidas por aqueles que vieram antes de nós. São graças que recebemos sem mérito próprio. Para Brunner e para o cristianismo, de fato, o mundo é uma dádiva; na verdade, a existência é um dom. Ela não é indolor, porque vivemos as consequências do desastre cósmico que foi a queda da humanidade no pecado. Mas mesmo assim, permanecem vestígios de nobreza na humanidade e de beleza no mundo. E assim cada um de nós entra no mundo como credor de certas coisas e, eventualmente, devendo coisas a outros. O recém-nascido recebe cuidados e atenção de seus pais. O empresário deve um salário justo aos seus funcionários. Os maridos devem amor, honra e devoção a suas esposas. Os pais devem o fruto de seu trabalho aos filhos. O governo deve segurança física e proteção aos seus cidadãos. Isso é justiça, é claro; justiça é meramente dar a uma pessoa o que lhe é devido. Quando falamos de justiça, estamos falando inevitavelmente em termos de heranças e obrigações.

---

11 BRUNNER, Emil. *The Divine Imperative*. Filadélfia: Westminster, 1937, p. 239.

Uma sociedade saudável reconhece essas verdades e as conecta em sua vida a partir de uma série de meios — leis, certamente, mas também costumes, tradições e rituais que ajudam a fortalecer e solidificar as relações de mutualidade e cuidado que permitem a realização humana. É para nosso grande prejuízo e perda não vivermos em uma sociedade que reconhece essas verdades. Se quisermos voltar à realização, à saúde e à vida, precisaremos descobrir como a herança foi perdida e como chegamos a esquecer que existimos em redes naturais de afeto, cuidado e obrigação.

Para entender como isso foi perdido, precisamos considerar mais de perto a narrativa histórica em que nos encontramos e examinar as principais reviravoltas em nosso pensamento que levaram ao nosso estado atual de uma sociedade cada vez mais fria, cruel e impiedosa. Como um povo que um dia entendeu e transmitiu a "herança imensa" chegou a trocar tudo isso pelo o que o papa João Paulo II chamou de "cultura da morte"?[12]

Órfãos no cosmo

Em certo sentido, é claro, não é difícil entender como tantas pessoas chegaram a esse ponto de vista. Mesmo que nos limitemos a considerar os últimos cem anos da história humana, nos encontramos diante de duas horríveis guerras mundiais, da Revolução Russa, do Holocausto, das campanhas de bombardeios americanos na Europa e no Japão e do advento da bomba atômica, para dizer nada de uma série de atrocidades menos conhecidas. Não é difícil entender como alguém pode olhar para tudo isso, julgar a terra como uma inimaginável cavalgada de crueldade e

12 PAULO II, João. "Evangelium Vitae". Encíclica publicada em 25 de março de 1995. Disponível em: www.vatican.va/content/john-paul-ii/en/encyclicals/documents/hf_jp-ii_enc_25031995_evangelium-vitae.html. Acesso em: 03 de abril de 2020.

calamidade, e planejar uma fuga dela como sua melhor esperança de salvação.

O teólogo Paul Griffiths está certo quando diz que:

> O mundo animal não humano é um oceano de sangue devido à morte violenta; e o mundo humano difere dele nisso apenas na escala da violência e na ingenuidade de sua atuação, em que nosso mundo excede em muito o não humano. [...] Nascemos em um mundo deteriorado, e então prosseguimos para deteriorá-lo e a nós mesmos ainda mais.[13]

Nosso mundo muitas vezes pode parecer uma máquina fria e indiferente cuja principal produção é a miséria e o caos. Falar de uma "herança imensa", em contraste, pode parecer algo distante ou talvez até um insulto que ignora ou banaliza a presença do sofrimento, do mal e da dor.

O sociólogo alemão Hartmut Rosa resume essa experiência do mundo dizendo que na modernidade, particularmente na modernidade tardia, você e eu encontramos o mundo como "um ponto de agressão".[14] E, é claro, se o mundo é principalmente um ponto de agressão, então a única coisa que as pessoas podem fazer é escapar dele ou, na falta disso, adquirir poder e afirmar seu controle sobre ele.

As lutas que definem nossos dias, então, não são novas. Essas questões difíceis — relativas às esferas da justiça pública; ou à pessoa humana, à sexualidade e ao gênero; ou à miríade de questões relacionadas às mudanças climáticas — são todas questões previsíveis que surgirão quando nossa experiência primária do mundo for de sofrimento e alienação, quando o mundo nos parecer um ponto de agressão.

---

13 GRIFFITHS, Paul. *Intellectual Appetites*. Washington, DC: Catholic University of America Press, 2009, p. 43, 45.

14 ROSA, Hartmut. *The Uncontrollability of the World*. Medford: Polity, 2020.

Um plano de amor e verdade

Apesar de tudo isso, acho que ainda estamos em um bom terreno quando vemos o mundo como nossa herança imensa, como uma dádiva, e não uma prisão a ser escapada. O calvinista holandês Herman Bavinck, que viveu e escreveu no final do século 19 e início do século 20, pode ser um guia útil para responder a essa questão. Bavinck estava preocupado com uma dissonância sentida na alma que parecia permear a Europa de sua época, uma dissonância que nos soará familiar hoje:

> A peculiaridade deste momento é que todos sentem uma época de mudança, quando todos percebem que não podem permanecer os mesmos, e que alguns anseiam que esse momento passe mais rapidamente do que outros. Há uma desarmonia entre nosso pensar e nosso sentir, entre nosso querer e nosso agir. Há uma discórdia entre religião e cultura, entre ciência e vida.[15]

Bavinck acreditava que o espírito dominante por trás de todas essas questões e transformações sociais era o do filósofo alemão Friedrich Nietzsche. Nietzsche — argumentou Bavinck — reconhecia que se a Europa realmente tivesse superado o cristianismo, então tudo precisaria mudar porque praticamente tudo sobre a cultura, a política e até mesmo sobre a vida prática do dia a dia europeus foi, em certa medida, moldado pelo cristianismo. Se o cristianismo fosse rejeitado, todo o resto precisaria ser "reiniciado", por assim dizer. Sistemas de valores, comunidades humanas, política nacional — tudo precisaria ser redefinido e reavaliado após o fracasso do cristianismo e a ascensão da modernidade tardia. Em última análise, Nietzsche clamou pela ascensão do *Übermensch*, ou do "super-homem", que "prefere a

---

15 BAVINCK, Herman. *The Christian Worldview*. SUTANTO. Nathaniel Gray et al. (Org.) Wheaton: Crossway, 2019, p. 23.

concretude da dominação à volátil busca da felicidade".[16] Se o mundo é um ponto de agressão, então uma maneira de lidar com isso é elevar-se acima do mundo em poder e força.

Bavinck considerou como sua tarefa em *The Christian Worldview* [A cosmovisão cristã] oferecer a seus leitores uma alternativa ao relato nietzschiano do mundo — recatequizar o povo cristão, por assim dizer, e ajudá-lo mais uma vez a encontrar no cristianismo uma explicação plausível e afirmativa da realidade. Ele fez isso de uma maneira que pode surpreender os leitores contemporâneos. Bavinck não começou tentando uma defesa proposicional de certas doutrinas cristãs centrais, nem forneceu uma visão geral da história cristã da criação, queda, redenção e consumação. Em vez disso, discutiu vários problemas filosóficos clássicos, dedicando um capítulo a cada um deles, e tentou demonstrar duas coisas: primeiro, o relato nietzschiano das questões "O que eu sou?", "O que é o mundo?" e "Qual é o meu lugar e tarefa no mundo?" é insatisfatório porque é muito simplista. Em segundo lugar, o relato cristão é mais satisfatório porque é capaz de afirmar a realidade em sua complexidade, em vez de subjugá-la às suas aspirações ideológicas, como um filósofo tentando enfiar o pino quadrado da realidade no buraco redondo de sua filosofia particular.

Bavinck estava principalmente preocupado em distinguir entre o elemento "orgânico" na cosmovisão cristã e os elementos "mecânicos" que ele via como inextricavelmente ligados à estrutura nietzschiana. Pode ser útil considerar um exemplo específico para ajudar a tornar a diferença entre os dois um pouco mais clara: o que o nietzschiano quer dizer quando fala sobre "natureza"? E o que, em contraste, um cristão quer dizer quando fala sobre "natureza"?

---

16 EGLINTON, James. *Bavinck: A Critical Biography.* Grand Rapids: Baker Academic, 2020, p. 226.

Na visão mecânica do mundo, diz Bavinck, o universo é impessoal e indiferente a você e a mim. É simplesmente uma espécie de grande máquina cósmica, complicada com certeza, mas em última análise previsível e desprovida de qualquer tipo de objetivo final ou propósito. O universo não está se inclinando para nenhum destino final. Ele simplesmente é. Então, quando a pessoa mecanicista fala sobre a natureza, ela quer falar sobre um tipo de ordem que é governada por essas leis físicas inquebráveis que determinam como a máquina opera — gravidade, entropia e assim por diante. A natureza é governada por essas leis, que são indiferentes à moralidade ou ao certo ou errado. Assim, a natureza não tem conteúdo moral em si mesma e por isso é, finalmente, "vermelha em dentes e garras", como Tennyson disse uma vez.[17]

Mas essa explicação não é totalmente satisfatória. Há algo bonito no mundo natural, e encontramos isso quase todos os dias — o canto delicioso dos pássaros em uma árvore, o cheiro de flores frescas crescendo do lado de fora da porta da frente, a brincadeira divertida de dois esquilos perseguindo um ao outro no parque. Embora as coisas que levam Tennyson a falar da natureza de maneira tão brutal sejam verdadeiras, elas não são toda a verdade do mundo natural. De fato, há um gênio em grande parte da natureza que supera o da humanidade, como nossa crise climática expõe para todos verem. Certamente há violência no mundo, e às vezes ela parece ser governada por uma crueldade indiferente. Essa, porém, não é toda a verdade sobre a natureza.

Bavinck reconhece isso:

> A natureza não é um poder tolo, brutal ou demoníaco, mas um meio para a revelação dos pensamentos e das virtudes de Deus. A natureza é um desdobramento de sua sabedoria e um reflexo de sua glória. A despeito de toda desarmonia entre virtude e felicidade, o mundo

---

17 TENNYSON, Alfred. "In Memoriam A. H. H." (1850). Disponível em: www.online-literature.com/tennyson/718/. Acesso em: 03 de abril de 2020.

> ainda é um lugar adequado para o ser humano viver — não é o céu, mas também não o inferno; não é o paraíso, mas também não um deserto, um domicílio que corresponde à sua condição atual. Sob a influência do darwinismo, surgiu o pensamento de que este mundo nada mais era do que um cenário de luta e miséria. Mas essa representação é tão unilateral quanto a visão de natureza idílica do século 18. A Escritura evita ambos os extremos; rejeita o otimismo e o pessimismo em sua falsidade, mas depois de ter primeiro reconhecido plenamente os elementos de verdade que estão ocultos em ambos.[18]

O que Bavinck queria preservar era uma descrição do mundo natural que reconhecesse que a natureza era mais do que mera matéria e que foi criada com algum fim ou objetivo futuro em mente. E mesmo que a própria natureza venha a gemer sob o peso do pecado humano, e que os seres humanos lutem para perceber a beleza e o propósito final da natureza porque também somos afligidos pelo pecado, ainda assim essas coisas permanecem verdadeiras. O mundo como existe hoje não é nosso lar definitivo porque ainda é o resultado de um violento cataclismo cósmico. Mas ele é também uma ordem natural coerente mesmo agora, e nós pertencemos a ela como criaturas feitas dentro dela. Assim, não devemos adorar a natureza, mas também não devemos procurar escapar dela.

Ao preservar esse relato mais complexo da natureza, Bavinck está simplesmente apoiando-se na ampla tradição cristã. A mesma visão da natureza foi apresentada mais recentemente pelo papa Bento XVI, quando disse que "o que chamamos de 'natureza' em um sentido cósmico tem sua origem em 'um plano de amor e verdade'".[19] E assim, argumentou Bavinck, podemos lidar

---

18 BAVINCK, Herman. *Christian Worldview*, p. 109.

19 RATZINGER, Joseph. "If You Want to Cultivate Peace, Protect Creation." Disponível em: www.vatican.va/content/benedict-xvi/en/messages/peace/documents/hf_ben-xvi_mes_20091208_xliii-world-day-peace.html. Acesso em: 03 de abril de 2020.

com o verdadeiro mal no mundo enquanto ainda reconhecemos que o mundo é melhor recebido por nós como uma dádiva, uma herança deixada a nós por nossos predecessores e, em última análise, pelo próprio Deus. O mundo pode não ser perfeito, mas ainda hoje é um lar adequado para nós.

Podemos perceber verdadeiramente a natureza?

Isso levanta um segundo problema, no entanto. Vamos presumir que Bavinck esteja certo. A natureza possui uma certa ordem em si mesma; tem até uma trajetória moral que culmina na restauração da natureza à sua glória plena e final por Deus. Participar dessa ordem é a maneira como experimentamos a vida boa e a transmitimos para a próxima geração.

Mas quão acessível para nós é essa ordem natural hoje? Podemos olhar para a realidade como a experimentamos todos os dias e, usando a nossa razão, dizer afirmações verdadeiras sobre ela? A natureza, corretamente compreendida, pode nos guiar e nos moldar? Ou essa ordem natural, na medida em que ainda existe em nosso mundo deteriorado, é totalmente inacessível para nós por causa do pecado? E se é inacessível para nós, como nos orientamos no mundo e sabemos quem somos e o que devemos fazer?

Essa não era uma questão trivial, particularmente nas décadas que se seguiram à morte de Bavinck em 1921. O principal crítico da ideia de que poderíamos chegar ao verdadeiro conhecimento do mundo simplesmente por meio da nossa razão foi o grande teólogo reformado suíço Karl Barth. O teólogo holandês-americano Cornelius Van Til chegou a uma conclusão semelhante sobre a natureza no contexto norte-americano. Se Nietzsche imaginou um mundo bombardeado de caos cinza e empoeirado esperando para ser subjugado pelo *Übermensch*, Barth e Van Til sustentavam que, qualquer que seja o mundo, nós cambaleamos nele — como aqueles que são cegos — se não nos valermos da Palavra de Deus, a única que pode nos ajudar a ver o mundo verdadeiramente. Barth chegou a essa visão de forma honesta. Ele temia que os apelos à natureza inevitavelmente desmoronassem em uma tentativa puramente arbitrária de legitimar crenças e preconceitos pessoais. Na pior das hipóteses, advertiu Barth, esse tipo de "teologia natural" poderia ser usado para justificar grandes males, como ele viu acontecer na Alemanha nazista na época.

Na visão de Barth, se dissermos que qualquer coisa além da Palavra de Deus revelada por meio de Jesus é revelação de Deus, acabaremos elevando as opiniões arbitrárias das pessoas ao *status* de revelação divina. Depois de fazer isso, você pode justificar praticamente qualquer coisa — até mesmo um holocausto. É por isso que, em meados da década de 1930, Barth emitiu uma denúncia irada da "teologia natural" ensinada por Brunner em um tratado intitulado simplesmente *Nein!*, que em alemão significa "Não!". A única revelação que a humanidade recebe de Deus, insistiu Barth, é a revelação de Deus em Cristo. Qualquer outra fonte de conhecimento é questionável e incerta, e deve ser mantida firmemente subserviente à Palavra de Deus.

Há outras razões para simpatizar com Barth para além de sua experiência pessoal de testemunhar a capitulação da igreja alemã ao nazismo. Se você passou muito tempo em certos círculos evangélicos conservadores, provavelmente observou certos papéis de gênero desenvolvidos no pós-guerra, por volta dos anos 50, sendo discutidos como se fossem a forma "natural" de considerar o homem e a mulher. Frequentemente, a injustiça racial do final do século 19 e início do século 20 também se fundamentou no apelo à natureza. Apelar à natureza pode ser abusado precisamente da forma que Barth temia.

No entanto, o argumento contra a teologia natural não é tão definitivo quanto alguns podem pensar. C. S. Lewis observou os mesmos eventos que levaram Barth a rejeitar a teologia natural, mas chegou a conclusões opostas. Ele começa sua defesa do cristianismo na obra *Cristianismo puro e simples* com uma observação de que quase todos os dias ouvimos pessoas de todos os tipos falando umas com as outras em termos que sugerem que compartilham compromissos morais comuns. Se um menino na escola reclama que compartilhou seu lanche com um amigo ontem, mas o amigo não está retribuindo o favor hoje, esse menino está apelando para um padrão moral ao qual ele acha que ele e seu amigo estão sujeitos. Da mesma forma, hoje, quando os populistas econômicos reclamam das crescentes discrepâncias entre os salários do CEO e do trabalhador, eles estão apelando para um certo padrão de justiça que acham que deveria se aplicar tanto ao trabalhador quanto ao CEO.

Essa simples crença é mais significativa do que pode parecer à primeira vista. O que isso significa é que, pelo menos nessa área, as pessoas são capazes, simplesmente com base na razão, de reconhecer uma realidade comum compartilhada à qual ambas estão sujeitas. Essas normas um tanto intuitivas sobre equidade, justiça e assim por diante sugerem que ainda é possível, mesmo após o advento do pecado, chegar à verdade por meio da nossa razão. Não é um processo perfeito, nem imune a erros, mas é possível.

De fato, Lewis reconheceu algo mais ao fazer seu apelo contra Nietzsche e Barth. Se não compartilhamos nenhum fato ou realidade comuns com nosso próximo, se estamos todos inextricavelmente presos em nossos próprios preconceitos e insanidades e só podemos chegar à verdade por meio da Palavra de Deus, então não há base para a vida em sociedade entre aqueles que não confessam a fé cristã. A possibilidade de persuasão e de um pluralismo saudável é intrinsecamente dependente da ideia de que dois vizinhos podem acessar a mesma realidade juntos por meio da observação e do pensamento cuidadoso, e então argumentar sobre isso juntos. Se não há realidade compartilhada, não há base para um debate compartilhado. Ironicamente, a virada barthiana contra a razão na verdade nos deixa no mesmo lugar que a revolução nietzschiana à qual Bavinck se opôs: não há ordem natural na qual você e eu existimos e devamos compartilhar; há apenas nossas vontades concorrentes. Nesse estado, a única maneira de evitar o conflito é cada um de nós fazer o que alguns chamam de "retirada para o compromisso".

A retirada para o compromisso acontece quando um indivíduo diz que se comprometeu com uma determinada identidade, com determinado sistema de crenças ou comunidade, e seu compromisso com isso é, por si só, o que o mantém lá. Na teologia cristã, isso às vezes é chamado de "deísmo", mas uma lógica semelhante pode ser vista fora da igreja hoje, como quando uma pessoa simplesmente declara que "tudo o que uma pessoa pensa que é, ela é". O compromisso de tal indivíduo com sua identidade é, portanto, imune a quaisquer reivindicações que possam ser feitas por meio do raciocínio moral.

A dificuldade aqui é que tal argumento é imune a qualquer tipo de crítica real porque se baseia inteiramente na escolha humana. Não há base para distinguir entre escolhas e não há como as pessoas comprometidas com uma crença ou comunidade se comunicarem de forma significativa com aqueles que assumiram outros compromissos. Todo debate, toda troca de ideias e busca de fundamentos para uma vida comum e pluralista se perde na névoa de uma escolha humana irracional.

É por isso que precisamos de um firme compromisso com a ideia de que existe uma ordem natural que pode ser observada e compreendida. Caso contrário, estaremos condenados à mesma experiência que estamos vivendo agora no mundo ocidental: comunidades enclausuradas, incapazes de conversar umas com as outras ou mesmo de se entender, pois não têm nada em comum sobre o que conversar. O apelo de Bavinck à nuance e à complexidade não era simplesmente o pedantismo de um acadêmico; mas um sério reconhecimento de que, sem essas coisas, seria muito difícil formar e manter uma comunidade autêntica.

E SE A HERANÇA NÃO FOR TRANSMITIDA?

Suponha que seja verdade que não somos, de fato, órfãos cósmicos, mas sim os destinatários de uma grande herança. E suponha que possamos discernir o que é essa herança e como devemos transmiti-la aos outros. Mesmo admitindo tudo isso, um problema óbvio permanece: nós, seres humanos, constantemente deixamos de honrar as dívidas que temos uns com os outros. O maior problema para a ideia de que a natureza é produto de "um plano de amor e verdade" não são necessariamente os argumentos sofisticados dos filósofos do século 19 ou dos teólogos do século 20. É, antes, o simples fato de que as dívidas que temos uns com os outros estão constantemente inadimplentes — que frequentemente falhamos uns com os outros. Em um mundo de fracassos tão constantes, faz certo sentido dizer: "Vou assumir o controle da minha vida e cuidar de mim mesmo". Se ninguém mais fizer isso, você é tudo o que resta, ou assim diz a sabedoria comum.

É verdade que as famílias podem deixar de praticar o amor, que as vizinhanças podem ser traiçoeiras e que os amigos podem falhar. E todas essas falhas tornam mais difícil discernir, quanto mais abraçar, a ordem natural que Deus imprimiu no mundo quando o criou. No entanto, essas falhas não são o fim do nosso endividamento ou a destruição da ordem natural. Por quê? Responder à essa pergunta exigirá um pouco de teologia, mas ser capaz de responder a essa objeção é vital e, portanto, o esforço de pensar cuidadosamente na pergunta será bem recompensado.

O cristianismo tem ensinado tradicionalmente que Deus é *simples*. Quando usamos essa palavra em uma conversa, queremos dizer algo como "o oposto de complexo". Mas não é isso que a simplicidade significa quando os cristãos estão falando sobre Deus. Quando os cristãos dizem que Deus é simples, eles querem dizer que ele não tem múltiplas partes. Ele é um. O cristianismo ensina que, quando falamos de Deus, não podemos distinguir entre o ser de Deus — o fato contundente de sua existência — e suas características — seu amor, sua misericórdia, sua justiça e todo o resto.

Isso pode parecer um debate abstrato à primeira vista. Por que os cristãos se importam com isso? Que diferença faz se Deus tem partes separadas em sua identidade? A resposta, porém, é bastante prática. O teísmo cristão clássico afirma que não há nada que possa agir sobre Deus externamente, pois não há nada que exista independente de Deus que possa sustentar sua existência sem Deus. Portanto, não podemos pensar no amor e na santidade de Deus como características concorrentes dentro de seu ser, como se Deus confrontasse algo que está acontecendo no mundo e tivesse de decidir como responder equilibrando seu amor pelas pessoas com seu respeito por sua própria santidade. Não é assim que o cristianismo tem entendido Deus tradicionalmente. Se fosse assim que pensamos em Deus, estaríamos implicitamente dizendo que algo fora de Deus o está influenciando, seja estimulando a favorecer seu amor ou a favorecer sua santidade. Uma vez feito isso, reduzimos funcionalmente Deus a uma espécie de humano superpoderoso, algo mais próximo dos deuses gregos do que do Deus cristão. Não devemos fazer isso — pois, se você conhece a mitologia grega, sabe que os deuses humanizados dos mitos gregos são muitas vezes vingativos, mesquinhos e cruéis. E Deus não é nenhuma dessas coisas.

Antes, porque seu ser e seus atributos são os mesmos, podemos dizer que Deus é completo em si mesmo. As necessidades e as carências que levam os deuses gregos ao comportamento perverso simplesmente não se aplicam a Deus conforme descrito no cristianismo. Único entre todos os seres existentes, Deus não precisa de nada fora de si mesmo para sustentar sua existência ou dar-lhe prazer. Ele não tem necessidade dentro de si mesmo. Isso pode, se for entendido de maneira errônea, fazer com que Deus pareça indiferente e distante. No entanto, isso é precisamente o oposto da conclusão que devemos tirar desse ensinamento.

Deus é completo em si mesmo. Ele não precisa de mais nada para ser satisfeito. E ainda assim você e eu existimos. Ainda assim este mundo existe. Ainda assim as flores estão vestidas de esplendor, os pássaros cantam com alegria, o oceano ruge em louvor a Deus. Se Deus é completo em si mesmo e nada lhe falta, e se Deus ainda se moveu para criar, então ele não criou por alguma necessidade, medo ou insegurança. Deus não agiu porque deseja poder ou deseja controlar as pessoas ou causar-lhes dor. Ele já é totalmente poderoso, realizado e satisfeito em sua própria vida interior. Ele não criou porque precisava, mas porque ama. A criação não é fundamentada em necessidade. Ela é um dom. Deus em sua ação é totalmente livre de todas as coisas que levam as criaturas humanas a agir pecaminosamente em relação ao próximo. E nisso há um grande consolo, porque sabemos que quando ele age *para* conosco, ele age *por* nós, pois ele não precisa de nada de nós.

Nossa própria existência é um dom de Deus. De fato, todo o cosmos é um dom de Deus. É o produto da intencionalidade divina, um meio pelo qual Deus pode se dar a nós. Assim, mesmo que as formas mais imediatas pelas quais o mundo possa revelar sua ordem a você — como família, igreja ou o próximo — tenham falhado com você, essa ordem ainda pode ser vista porque você recebeu o dom da existência de Deus. O teólogo inglês John Webster explica bem: "Porque Deus não é um ser e agente ao lado de outros, e porque ele é inteiramente realizado em si mesmo e possui felicidade perfeita, ele não tem nada a ganhar com a criação. Precisamente na ausência do interesse próprio divino, a criatura ganha tudo".[20] Em outra parte desse mesmo ensaio, Webster cita o luterano alemão do século 19 Isaak Dorner, que

20 WEBSTER, John. "'Love Is Also a Lover of Life': Creatio Ex Nihilo and Creaturely Goodness". *Modern Theology* 29, n. 2, abril, 2013, p. 168.

disse: "O amor também é um amante da vida". E nisso existe algum consolo — e até alegria.

É precisamente porque Deus existe fora de nós que podemos receber sua lei como algo bom. É porque Deus criou o mundo agindo em amor, que podemos ter certeza de que esse mundo é bom, que a maneira pela qual Deus o fez funcionar é boa. Em um de seus sermões, Webster afirma o seguinte:

> A lei de Deus não é um conjunto arbitrário de estatutos administrados por algum magistrado divino; menos ainda é um mecanismo para se relacionar com Deus por meio de um sistema de recompensas por boa conduta e punições por mau comportamento. A lei de Deus é melhor pensada como a presença pessoal de Deus. É o dom de Deus de si mesmo, no qual ele vem ao seu povo em comunhão e apresenta diante dele sua vontade para a vida humana. A lei de Deus é a reivindicação do que ele faz sobre nós como nosso Criador e Redentor.[21]

Deus olha para este mundo e o ama, e é por isso que podemos e devemos fazer o mesmo. Este mundo não é algo do qual devemos tentar nos libertar por meio da conquista ou algo que devemos conformar à nossa vontade por meio da técnica, do poder ou do controle. Pelo contrário, é um dom dado a nós por Deus para nossa alegria e sua glória. Porque Deus é amor e sua lei é boa, podemos olhar para o nosso próximo e amá-lo. Porque Deus se deu a nós, podemos nos dar aos outros. Podemos assumir com confiança e alegria essas dívidas de amor que construímos ao longo do curso da vida neste mundo, e podemos distribuí-las com extravagância, confiando que quaisquer danos que possamos experimentar hoje como resultado de tal vida serão recolhidos e restaurados no glorioso e perfeito amor de Deus.

21 WEBSTER, John. *Christ Our Salvation*. Bellingham: Lexham, 2020, p. 9.

CAPÍTULO

2

ARRANCANDO PELA RAIZ

As raças e o fim da natureza

A GRANDE FILÓSOFA do século 20 Hannah Arendt abre seu livro *A condição humana* observando que o clímax da era moderna veio no outono de 1957. Em 4 de outubro, cientistas soviéticos lançaram com sucesso uma pequena sonda do tamanho de uma bola de praia em órbita. Ela circulou a Terra 1.440 vezes nos próximos três meses antes de queimar na reentrada na atmosfera da Terra em janeiro de 1958.

Essa ocasião, disse Arendt, foi a conclusão do projeto moderno. Por quê? Porque, disse ela, o projeto moderno começou com o homem rejeitando seu Pai, Deus, e agora culminou com o homem fugindo de sua mãe, a Terra. Para ser verdadeiramente livre, o homem teve de deixar pai e mãe para trás. Até que fizesse isso, ele permaneceria uma criança. Com o advento da corrida espacial, a humanidade finalmente atingiu a maturidade.

É exatamente assim que a corrida espacial foi percebida por muitos dos dois lados da Cortina de Ferro. Um jornalista americano escreveu que o lançamento do Sputnik representou o primeiro "passo da humanidade para escapar da prisão dos homens na terra". Da mesma forma, a inscrição no túmulo de um cientista russo, de forma reveladora, como a Torre de Babel, como um obelisco que se estende até o céu, dizia: "A humanidade não permanecerá para sempre presa à Terra".[22] O Sputnik declarou que a humanidade órfã havia se desenvolvido. O mundo do Sputnik é um mundo que rejeita a herança de Brunner porque passou a considerar a herança como uma ficção, na melhor das hipóteses, e um abuso grosseiro, na pior delas. Já esboçamos um quadro de como o cristianismo imagina o mundo natural. Agora, porém, devemos contar, de forma condensada, a história com a qual Arendt estava preocupada quando começou seu estudo da sociedade humana e do trabalho, que é a história da modernidade — a história de como a humanidade se afastou tanto do pai quanto da mãe e assim se tornou órfã no cosmos.

Em uma carta de 1930 escrita a seu amigo Arthur Greeves, C. S. Lewis refletiu sobre as maneiras pelas quais ele e seus amigos chegaram a um relacionamento muito diferente com seu lugar do que seus ancestrais tinham com o deles. Citando seu amigo J. R. R. Tolkien, Lewis escreveu:

> Tolkien certa vez comentou comigo que o sentimento em relação ao lar deve ter sido bem diferente nos dias em que uma família se alimentava dos produtos das mesmas poucas milhas de terra por seis gerações, e que talvez fosse por isso que eles viam ninfas nas fontes e dríades na floresta — eles não estavam enganados, pois havia, em certo sentido, uma conexão real (não metafórica) entre eles e o campo. O que tinha sido terra e ar e mais tarde milho, e mais tarde ainda pão, realmente estava neles. Nós, é claro, que vivemos em uma dieta internacional padronizada [...] somos seres realmente artificiais e não temos nenhuma conexão (exceto no sentimento) com

22 ARENDT, Hannah. *The Human Condition.* Chicago: University of Chicago Press, 2018, p. 1 (Publicado no Brasil sob o título *A condição humana* por Forense Universitária).

> qualquer lugar na terra. Somos homens sintéticos e desenraizados. A força das colinas não é nossa.[23]

Esse apego a terras específicas, animais, colheitas e assim por diante é uma preocupação central tanto para Lewis quanto para Tolkien. As histórias de Tolkien são abundantes de pessoas que têm o tipo de vínculo com seu lugar que ele descreveu naquela conversa com Lewis. Os hobbits estão no Condado há séculos, mas ainda mais velhos e mais fortes são os laços que unem os elfos às suas várias casas ou o povo de Gondor às suas. Mesmo um povo relativamente jovem, como o povo de Rohan, é descrito como tendo uma linguagem que soa como a terra em que vivem — às vezes movimentada e musical, às vezes rude e áspera como as montanhas.

Ou considere a ligação que muitos dos personagens de Lewis formam com Nárnia em sua amada série infantil. Há uma sensação de estar ligado a lugares específicos em personagens como Caspian e Tirian, para não falar dos irmãos Pevensie.

O que tanto Lewis quanto Tolkien estão descrevendo é um sentido denso de identidade, um sentido que vai além do espaço de nossos próprios corpos e abrange nosso entorno: nossos vizinhos, a paisagem, as plantas e árvores, os animais — toda a vida do lugar. Para Lewis e Tolkien, tudo isso é parte do que faz você ser você.

Há outros que endossam essa visão também. Emil Brunner diz que ser humano significa "existência em responsabilidade".[24] Ele sugere a imagem de uma ponte suspensa como uma maneira fácil de imaginar a identidade humana. As pontes suspensas são sustentadas por suportes em ambos os lados. Brunner sugere que esses suportes são, por um lado, nosso senso de identidade

---

23 Citado em DICKERSON, Matthew. "Wendell Berry, C. S. Lewis, J. R. R. Tolkien and the Dangers of a Technological Mindset". Flourish Magazine, outono, 2010. Disponível em: www.ourishonline.org/2010/12/wendell-berry-cs-lewis-jrr-tolkien-and-the-dangers-of-a-technological -mindset/. Acesso em: 03 de abril de 2020.

24 BRUNNER, Emil. *The Divine Imperative*. Filadélfia: Westminster, 1937, p. 296.

(nossos desejos, ambições, gostos e desgostos e assim por diante) e, por outro lado, nosso senso de lugar (nossos vizinhos, cultura e assim por diante). Nossa verdadeira identidade paira no meio, sustentada por esses dois suportes. Da mesma forma, o filósofo espanhol Julián Marías diz que a maneira correta de nos identificar e entender a nós mesmos é dizer "eu sou eu e minhas circunstâncias".[25]

Talvez a afirmação mais chocante e robusta dessa ideia venha do teólogo holandês Herman Bavinck, cuja doutrina da criação faríamos bem em recuperar:

> A natureza, como considerada na religião cristã, é, portanto, muito mais ampla e rica do que o conceito que domina a ciência natural atual. [...] A natureza abrangeu a totalidade da criação, tanto o que é espiritual quanto o que é material. Às vezes, o conceito foi expandido ainda mais e também aplicado ao Criador. Deus era "a atividade autocausadora da natureza", a "soma da natureza", e todo o ser, tanto o invisível quanto o visível, o criador e o criado, era resumido sob o nome de natureza.[26]

Essa maneira de enquadrar a questão é ainda mais impressionante do que a de Lewis e Tolkien, Brunner ou Marías, porque Bavinck chega a sugerir que, ao entender nossa relação com o mundo "natural", os seres humanos não devem apenas imaginar sua relação com as plantas, os animais e o próximo, mas também com o próprio Deus. A teia da vida torna-se assim imensuravelmente mais densa.

A pessoa humana não existe sozinha no mundo, desapegada e autônoma. Em vez disso, todos nós existimos dentro da natureza,

---

25 Citado em RALEY, Harold. "Julian Marias: Philosopher of the Person". Mere Orthodoxy, 2 de outubro de 2019. Disponível em: https://mereorthodoxy.com/julian-marias/. Acesso em: 03 de abril de 2020.

26 BAVINCK, Herman. *The Christian Worldview*. SUTANTO, Nathaniel Gray et al. (Org.) Wheaton: Crossway, 2019, p. 67.

o que significa que vivemos em relacionamentos estreitos com o mundo, com o nosso próximo e com Deus. A pessoa madura entende como prosperar em relacionamentos tão complexos e é capaz de garantir que esses relacionamentos sejam definidos pelo cuidado, pelo amor e pela submissão de nossos desejos e necessidades egoístas à lei do mundo natural. Para esses pensadores cristãos, é nesse estado de contingência e interdependência que encontramos nosso verdadeiro eu.

Lugar é uma palavra importante aqui. Quando falamos de "lugares" dessa maneira, estamos — para tomar emprestada uma frase do teólogo de Yale, Willie Jennings — falando sobre algo que é "ontologicamente denso", significando que esses lugares estão cheios de vida, até demais. A vida boa para os seres humanos é aquela que existe em harmonia com a vida do mundo. O mito da criação de Tolkien, o Ainulindalë, oferece uma imagem impressionante disso. Ele imagina a criação do mundo como uma canção, lentamente construída e executada primeiro pelo Deus Criador e depois por todas as suas criaturas. A vida abençoada está, portanto, literalmente cantando a canção que seres celestiais já começaram a cantar — acrescentando nossas vozes a ela e descobrindo novas harmonias e temas menores em sua grande música.

O que Lewis e Tolkien reconheceram é que o mundo natural é uma parte essencial da nossa experiência de pertencimento, de estar em casa no mundo. Tolkien parece sugerir que, se nos desencantamos sob a modernidade, não é porque alguma coisa mudou nas pessoas, mas porque nos distanciamos da Terra, de nossos lugares de origem. Acontece que há uma estreita ligação entre encantamento e familiaridade.

Ao tentar lidar com a escala de nosso distanciamento um do outro e da própria ideia de "lar", devemos começar por entender nosso distanciamento da natureza. Houve um tempo em que os cristãos louvavam a Deus e lhe agradeciam pelo "Irmão Sol" e pela "Irmã Lua", pelos "Irmãos Vento e Ar" e pela "Irmã Água", e até mesmo pela "Mãe Terra". Essas são as palavras que o monge medieval, Francisco de Assis, usou em seu "Cântico de todas as criaturas". Hoje, porém, crescemos longe desses irmãos. E essa alienação de nossos irmãos da natureza levou ao nosso distanciamento de nossos irmãos humanos também.

A PERDA DO LUGAR

Como surgiu esse distanciamento? Há muitas respostas para isso, contudo, já que estamos considerando o mundo natural aqui, devemos começar perguntando como isso aconteceu materialmente. Que fatores que moldam nossa experiência material do mundo nos fizeram deixar de ver a "Irmã Água" ou a "Mãe Terra" e, em vez disso, ver matérias-primas a serem usadas, exploradas e extraídas? Que mudanças materiais no mundo nos levaram a ver nosso próximo, o ser humano, da mesma maneira — como recursos descobertos para serem consumidos conforme precisamos, mas não para serem amados ou atendidos como a criação amada de Deus? Jennings sugere que a resposta a essa pergunta exige que voltemos ao início da era moderna e às reviravoltas de pensamento que se desenvolveram em resposta à conquista das Américas no século 16.

Em 1572, um teólogo jesuíta espanhol chamado José Acosta partiu de sua Espanha natal para o que hoje é a América do Sul. Seu destino final era o Peru, onde começaria a trabalhar como professor de teologia em uma universidade recém-criada pelos colonizadores espanhóis. Ele faria o trabalho pelo qual os jesuítas se tornaram conhecidos: levar a fé cristã (como entendida pela Igreja Católica Romana) para partes do mundo onde foi esquecida ou nunca foi ouvida antes.

Enquanto navegava, Acosta cruzou a linha do Equador e entrou no hemisfério Sul. Isso ainda era uma coisa assustadora para muitos — vários europeus acreditavam que os mares do Sul ferviam e eram cheios de monstros selvagens e perigosos.

Se o calor não os eliminasse, as criaturas exóticas eliminariam. Porém, quando Acosta cruzou as estações do Sul, nada aconteceu. O hemisfério Sul era radicalmente diferente de como os cientistas e teólogos europeus o haviam imaginado. Ele escreveu:

> Como eu havia lido os exageros dos filósofos e poetas, estava convencido de que, quando chegasse ao Equador, não suportaria o terrível calor; mas a realidade era tão diferente que em alguns momentos sentia tanto frio que às vezes saía para o sol para me aquecer, e era a época do ano em que o sol está bem acima, que está na signo de Áries, em março. Confesso aqui que ri e zombei das teorias meteorológicas de Aristóteles e de sua filosofia, visto que no mesmo lugar onde, segundo suas regras, tudo deve estar queimando e pegando fogo, eu e todos os meus companheiros estávamos com frio.[27]

Isso pode parecer uma observação banal para nós hoje, acostumados como estamos a percorrer distâncias que seriam impensáveis para Acosta e seus pares. Mas a mudança que acontece em Acosta nesse momento é significativa — e reflete uma mudança mais ampla que começa a se enraizar no cristianismo europeu a partir desse momento. Eles haviam encontrado um novo mundo. As certezas e as suposições dos antigos foram colocadas em dúvida. O que as substituiria? Eles foram confrontados com a pergunta que quase todos nós tivemos de enfrentar em algum momento da vida, uma questão central para o trabalho de Jennings: "Quem sou eu neste novo lugar estranho?".[28]

É uma boa pergunta. No entanto, infelizmente, a resposta a que Acosta e outros chegaram não era apenas errada, mas

---

27 Citado em JENNINGS, Willie James. *The Christian Imagination:* Theology and the Origins of Race. New Haven: Yale University Press, 2010, p. 84.

28 JENNINGS, Willie James. "Can 'White' People Be Saved?" em SECHREST. Love L. et al. (Org.) *Can "White" People Be Saved?*. Downers Grove: InterVarsity Press, 2018, p. 30.

profundamente perigosa. A resposta deles abriria caminho para os acontecimentos e as crenças que nos fizeram perder a herança imensa. A compreensão e a experiência do mundo compartilhada entre os povos da América do Norte era, em muitos aspectos, semelhante à compreensão de Lewis e Tolkien, bem como a de Francisco de Assis. Em meu próprio estado de Nebraska, uma das principais nações índigenas americanas era o povo Omaha, que dá nome à maior cidade do nosso estado. Os omaha já viveram em grande parte das terras do meu estado natal, bem como em partes do oeste de Iowa e Dakota do Sul. Hoje eles estão confinados em uma pequena reserva no canto nordeste de Nebraska. Quando sua nação se estendia pelas Grandes Planícies, os omaha falariam da "nação dos búfalos" da mesma forma que falariam da nação Sioux. Eles reconheceram que os búfalos não eram simplesmente uma mercadoria, mas sim seus vizinhos e uma parte necessária da vida de sua casa compartilhada. Aqui podemos ver a ponte suspensa de Brunner em ação, pois o impulso da vida enraizada em um lugar ajuda a moldar e orientar como as pessoas se relacionam com a terra, os animais e umas com as outras.

Tragicamente, esse entendimento foi atacado implacavelmente pelos colonialistas até ser quase totalmente erradicado. O que substituiu essa visão mais antiga da vida? Jennings descreve assim: "Acosta formou assim uma visão teológica para o Novo Mundo que extraiu a sua vida da ortodoxia cristã e o seu poder da conquista".[29] O que significa "conquista" nesse caso? Em certo sentido, o significado é claro: o roubo de terras e a apreensão de recursos.

Mas há uma lógica mais profunda na ideia de conquista que precisamos entender. O que acontece na conquista das Américas é uma traição à proximidade que deveria existir entre as pessoas e o lugar; os colonialistas, cuja identidade na Europa

29 JENNINGS. *Christian Imagination*, p. 83.

estava intimamente ligada à terra, à família etc. não procuravam informar sua identidade nesse novo lugar da mesma maneira. Em vez disso, eles se "autodesignaram", como Jennings coloca. Eles escolheram por si mesmos qual seria sua identidade, independentemente de qualquer encontro com esse novo lugar em que haviam entrado. Como resultado, a densa teia de vida encontrada nas Américas foi diminuída aos seus olhos, reduzida a mera matéria. Considere a maneira como Pedro de León, um dos primeiros exploradores das Américas, descreve seu encontro com os povos incas nos Andes do Peru moderno:

> E que Deus pudesse ter permitido que algo tão grande fosse escondido do mundo por tantos anos e tanto tempo, e não conhecido pelos homens, mas que seria encontrado e descoberto e conquistado, tudo no tempo do imperador Carlos, que tanto precisava de sua ajuda por causa das guerras que haviam ocorrido na Alemanha contra os luteranos e (por causa de) outras expedições importantes.[30]

Quando de León olhou para a nação inca, ele não viu principalmente uma cultura com seus próprios modos de vida em relação à terra, suas próprias tecnologias, seus próprios rituais e bens compartilhados. Ele não viu a terra que foi habilmente utilizada e cuidada. Ele não viu, em última análise, os seres humanos carregando a imagem divina. Observe que o mundo que ele estava vendo era "não conhecido pelos homens". Em vez disso, ele interpretou o que viu puramente em termos de como isso poderia beneficiá-lo. Embora seja verdade que essa seja simplesmente nossa tentação natural por causa dos efeitos penetrantes do pecado, também é verdade que as circunstâncias materiais muitas vezes podem ser uma força poderosa para nos ajudar a resistir. É sempre errado mentir, mas é menos provável que a

30 Citado em JENNINGS. *Christian Imagination*, p. 31.

pessoa comum minta se a mentira for capaz de atrapalhar sua experiência diária do mundo de alguma forma tangível e contundente. Contudo, quando a materialidade é marginalizada e calada, uma proteção contra nosso egoísmo natural é retirada.

Assim, esses primeiros conquistadores e exploradores espanhóis viram uma riqueza que poderia ser útil nas guerras do rei Carlos, que era então o sacro imperador romano-germânico e rei da Espanha. Jennings argumenta que o hábito mental fundamental traído por tais palavras tornou-se difundido no Ocidente moderno — a mente da conquista e do colonialismo. É um espírito que rejeita a densidade ontológica do mundo, substituindo-a por uma espécie de "matéria" vazia e nua. Tolkien chamou essa mentalidade de "uma mente de metal e engrenagens" e a critica implacavelmente em seu tratamento do personagem de Saruman em *O Senhor dos Anéis*. De fato, perto do fim de sua vida, ele disse a um grupo de admiradores que viu "muitos e muitos descendentes de Saruman" no mundo.[31] Tornou-se a maneira padrão pela qual a maioria de nós se envolve com o mundo ao nosso redor.

Quando os europeus chegaram ao Novo Mundo, eles escolheram se identificar de maneiras que romperam esse vínculo essencial entre o corpo e a terra — afinal, eles deixaram para trás seus próprios lugares de origem. A ponte suspensa de Brunner colapsou, pois um lado foi derrubado e ao outro foi solicitado suportar mais peso do que deveria. Em vez de optar por alinhar suas vidas com a vida desses novos lugares, os primeiros colonialistas optaram por explorar e roubar os habitantes daquele território. Esse ato teve o efeito não apenas de romper seus vínculos com a terra, mas também de romper a complexa teia de relações que existia entre os povos indígenas e sua terra. Jennings explica:

---

31 TOLKIEN, J. R. R. "Address to Admirers in Rotterdam". Março de 1958. Disponível em: www.youtube.com/watch?v=7g5npSwWMsw. Acesso em: 03 de abril de 2020.

> Os novos mundos foram transformados em terra — terra crua e indomável. E as visões europeias viam essas novas terras como um sistema de potencialidades, uma massa de potencialidades não desenvolvidas e não utilizadas. Tudo — desde as pessoas e seus corpos até as plantas e animais, do solo e do céu — estava sujeito a mudanças continuamente. O significado dessa transformação não pode ser diminuído. A própria terra foi impedida de ser uma constante de identidade relevante. Os europeus definiram os africanos, e todos os outros, à parte da terra, mesmo quando os separavam de suas terras.

O efeito central da perda da terra como significante de identidade foi que as identidades nativas — tribais, comunais, familiares e espaciais — foram restringidas a simplesmente seus corpos, deixando para trás o próprio fundamento que permite e facilita a articulação da identidade. A profunda mercantilização dos corpos, que foi a escravidão do Novo Mundo, teve um efeito que a humanidade ainda precisa considerar completamente — uma visão distorcida da criação.[32]

Os problemas que vemos hoje, nos quais tantos de nossos amigos e vizinhos parecem distantes uns dos outros, estão enraizados no advento do mundo colonial moderno e estão inextricavelmente ligados a questões de raça e de justiça. Foi o colonialismo que ajudou a normalizar essa ideia de que as pessoas, os animais e as plantas que encontro no mundo não contribuem de forma alguma para a minha identidade, mas podem ser úteis para mim enquanto procuro criar minha própria identidade. Quando os colonialistas chegaram a essas novas terras e desarraigaram a vida dos povos nativos, um vínculo essencial foi rompido entre as pessoas e o lugar, de modo que a identidade humana teve de ser remodelada à parte da história, da cultura e da terra.

---

32 JENNINGS. *Christian Imagination*, p. 83.

A REVOLUÇÃO FOI BRANCA

O que restou para formar as identidades humanas? Há duas respostas para essa pergunta, ambas significativas para compreender o desenraizamento e a alienação endêmicos em nosso tempo.

Primeiro, ficamos com nossos corpos. À cultura foi negada uma voz na formação da identidade. À linguagem foi negada uma voz. Às paisagens e à geografia foram negadas uma voz. Imagine tentar se identificar para outra pessoa, mas não ter permissão para citar sua cidade natal, sua família, suas práticas, seus hábitos culturais e assim por diante. O que você tem para apelar, dado tudo o que foi tirado? Você fica com seu corpo. Jennings diz: "Sem lugar como articulador de identidade, a pele humana foi convidada a fazer um voo solo e falar por si mesma".[33]

Estabelecendo um ponto semelhante, o teólogo sioux de Standing Rock, Vine Deloria Jr., escreveu:

> O homem branco, visto nesse contexto, aparece como um adolescente perene. Ele está continuamente se movendo, e sua natureza inquieta parece não encontrar paz. No entanto, *ele não ouve a terra* e, portanto, não pode encontrar um lugar para si mesmo. Ele tem poucos parentes e parece acreditar que os animais domésticos que sempre contaram com ele constituem seu único elo com os outros povos do universo. No entanto, ele não trata esses animais como amigos, mas apenas como objetos a serem explorados. Enquanto ele destruiu muitos lugares sagrados dos índios, ele não parece ser capaz de se contentar com seus próprios lugares sagrados.[34]

Dada essa perspectiva, o eventual desdobramento racial do problema começa a fazer mais sentido. Afinal, quem conseguiu essa transição para um mundo individualista "melhor" do que

33 Idem, p. 64.

34 Citado em JENNINGS. *Christian Imagination*, p. 43.

ninguém (se medirmos o sucesso pela aquisição de riqueza e poder)? Eram principalmente europeus, e mais especificamente — especialmente depois do século 16 — europeus do norte de pele clara. Assim, quando os seres humanos foram forçados a se ver principalmente como *eus* separados e isolados, o corpo tornou-se um significante natural de identidade. E neste mundo, os corpos dos exploradores — os corpos dos brancos — pareciam ser os mais bem-sucedidos e, portanto, superiores.

Da mesma forma, os corpos de pessoas de pele mais escura, constantemente explorados e usados como matéria-prima pelos brancos, passaram a ser considerados menos valiosos e, pior, menos humanos.

Como resultado, a "branquitude" começou a emergir como uma forma de dar sentido à identidade humana. Ser "branco" era ser capaz de impor sua vontade ao mundo ao seu redor pela força, conquistar o que desejava e reivindicar a vida que ambicionava. Foi, argumenta Jennings, uma "estrutura para a maturidade humana". Ser "maduro" no mundo colonial — isto é, ser uma pessoa humana plenamente realizada — era possuir o grau de poder e agência tipificado pelos brancos, e especialmente pelos homens brancos.

Para os europeus, a branquitude tornou-se uma identidade para preservar e viver — era a identidade de individualistas bem-sucedidos que conseguiam criar identidades de riqueza, *status* e poder "projetando significado no mundo", para usar a frase de Jennings. Mas para os povos de pele mais escura, a branquitude tornou-se algo que eles deveriam aspirar. Definida dessa maneira, a branquitude é inclusiva: qualquer um pode se tornar "branco", desde que tenha o talento e a vontade necessários para subjugar a terra e as pessoas à sua vontade. Assim, a maturidade, ou um tipo de vida plenamente realizada — uma vida bem-sucedida —, passou a ser definida em termos raciais.

Essa identificação de maturidade com raça persistiria por séculos. Em 1957, quando Gana se tornou o primeiro estado pós-colonial livre na África subsaariana, políticos e jornalistas ocidentais foram à capital do novo país, Acra, para participar da celebração da independência. Anne Fremantle, uma escritora americana que cobria o evento para o jornal *The New York Times*, disse que a ocasião foi "uma testemunha viva do sucesso do trabalho dos padres brancos e seus resultados duradouros".[35] O vice-presidente americano Richard Nixon, que também estava presente, faria uma nota semelhante, dizendo que "aqui em Gana temos um exemplo de uma política colonial que não perde para nenhuma outra mundo afora".[36] Branquitude era maturidade. Para que os não brancos se tornassem completos, eles precisavam se tornar como seus conquistadores europeus.

Essa realidade informava a maneira como os brancos abordavam seus relacionamentos com pessoas de outra cor de pele. As pessoas que eram consideradas incapazes de atingir a maturidade ou com menor probabilidade de se tornarem maduras foram condenadas a permanecer para sempre não mais do que um bem bruto a ser consumido e usado para a prosperidade dos maduros. Da mesma forma, se os brancos procurassem ajudar os negros a atingir a maturidade, praticamente qualquer coisa poderia ser justificada a serviço desse objetivo.

Em um capítulo particularmente vergonhoso da história americana, o "reformador" Richard Pratt, figura-chave no estabelecimento de internatos que buscavam americanizar os povos nativos do país, explicou ao Congresso dos Estados Unidos que seu trabalho era um ministério de misericórdia. De acordo com Pratt, era o "índio" em cada nativo que era o perigo. "Mate o índio nele para salvar o homem", disse Pratt ao Congresso.[37] Na visão branca da maturidade humana, o índio nunca poderia se

35 FREMANTLE, Anne. "On the Battleground of Faith, Their Weapon is Charity", *New York Times*, 2 de junho de 1957, p. 243.

36 "Nixon Aids Inauguration of New Nation, Ghana". *Los Angeles Times*, 7 de março de 1957, p. 11.

37 Citado em CHARLES; Mark; RAH, Soong-Chan. *Unsettling Truths*: The Ongoing, Dehumanizing Legacy of the Doctrine of Discovery. Downers Grove: InterVarsity Press, 2019, p. 120.

tornar maduro enquanto permanecesse reconhecivelmente nativo — enquanto se vestisse com as roupas de seu povo, falasse sua língua e vivesse uma vida intimamente ligada à terra nas tradições de seu povo. Para se tornar maduro, ele precisava ser exaltado pelos estadunidenses brancos. Assim, sociedades tribais perfeitamente funcionais e vitais foram destruídas, e as crianças foram tiradas de suas famílias e colocadas em internatos onde eram espancadas se fossem pegas falando sua língua materna. Tudo isso poderia ser justificado porque estava abrindo caminho para o objetivo de que os povos indígenas das Américas pudessem eventualmente amadurecer, o que significava se tornarem "indivíduos autônomos e autorrealizados".

O que é especialmente chocante é perceber que havia alguns cristãos que entenderam o que estava acontecendo, falaram contra e alertaram sobre as consequências. Herman Bavinck foi um deles. Em um discurso proferido em 1911, enquanto era membro do parlamento holandês, Bavinck advertiu seus ouvintes sobre o que aconteceria se o trabalho das missões estrangeiras estivesse vinculado ao projeto colonial. Bavinck temia que a cultura europeia, com seu racionalismo e suas tendências consumistas, fosse bastante hostil à fé cristã. Além disso, porque o colonialismo estava exportando o *real* sistema de valores ocidental do colonialismo em vez do cristianismo, a fusão deste com o colonialismo só poderia trazer desastre. "A influência do colonialismo desvendou uma rica e antiga tapeçaria de crenças nativas não ocidentais sobre este mundo e o próximo", explica o autor e professor James Eglinton. "E não ofereceu nada mais para substituí-la do que a já esfarrapada chita do consumismo secular."[38]

Infelizmente, o aviso de Bavinck não foi ouvido. E ainda estamos vivendo com as consequências. Com o tempo, o espírito animador por trás do projeto colonial se tornaria universal, pois

38 EGLINTON, James. *Bavinck:* A Critical Biography. Grand Rapids: Baker Academic, 2020, p. 258.

tudo na criação fora dos *eus* individuais soberanos seria reduzido a mera matéria. Pode não haver expressão mais clara disso do que as palavras muito criticadas do juiz Kennedy: "Central para a ideia de liberdade é o direito de definir o próprio conceito de existência". Os próprios colonialistas não poderiam ter dito melhor. Perdemos a herança e a substituímos por uma busca cega por poder, segurança e riqueza.

Em um ensaio intitulado "A Ilíada, ou o Poema da Força", a mística francesa Simone Weil define *força* como um poder que transforma as pessoas humanas — em toda sua singularidade, riqueza pessoal e subjetividade — em objetos. A força é "aquele elemento que transforma qualquer um que esteja sujeito a ela em uma coisa". Ela diz que, em última análise, a forma mais óbvia que a força pode assumir é matar, "pois transforma um homem em uma coisa no sentido mais literal: um cadáver". No entanto, também pode ser o caso, sugere Weil, que a força contundente desse tipo seja, na verdade, a menos horripilante:

> Quanto mais variada em seus processos, mais surpreendente em seus efeitos é a outra força, aquela que não mata, ou seja, que ainda não mata. Ela certamente matará, possivelmente matará, ou talvez apenas paire, repousando em prontidão, sobre a cabeça da criatura que *pode* matar a qualquer momento. Em qualquer aspecto, seu efeito é o mesmo: transforma o homem em pedra. De sua primeira propriedade (a capacidade de transformar um ser humano em uma coisa pelo simples método de matá-lo) soma outra, bastante prodigiosa também à sua maneira: a capacidade de transformar um ser humano num objeto enquanto ele ainda está vivo.[39]

Por causa do efeito duplo produzido por essa visão particular de maturidade e da centralidade da força na mente colonial, o

39 WEIL, Simone. "The Iliad, or the Poem of Force" (1945). Disponível em: https://theanarchistlibrary.org/library/simone-weil-the-iliad. Acesso em: 03 de abril de 2020.

mundo moderno foi moldado por tendências destrutivas e desumanizantes que causaram estragos no mundo e em inúmeras comunidades humanas em todo o globo desde então.

O PERIGOSO PECADO DA INCREDULIDADE

Qual é a falha fundamental dessa visão da natureza que se centra na força e privilegia o indivíduo que possui riqueza e capacidade de autodesignação? Em certo sentido, seu principal problema é o pecado do orgulho. Tão confiantes estavam esses colonialistas brancos em sua própria superioridade em relação às pessoas que encontravam que sentiram que não era necessário ouvi-las ou aprender com seus modos de vida no que era, para os europeus, um lugar novo e estranho, enquanto era, para os povos indígenas, seu lar. O orgulho dá um excesso de confiança, uma sensação de que não precisamos ouvir o que o outro diz porque já somos sábios.

Dito isso, há um pecado mais profundo que precede o orgulho em direção a algo mais básico, até mesmo visceral. Quando somos orgulhosos, acreditamos em algo sobre nós mesmos que não é verdade. A história de Nabucodonosor em Daniel 4 representa muito do pensamento moderno: examinamos nosso mundo — nossa casa, nosso trabalho, nossa conta bancária — e dizemos: "Não é esta a grande Babilônia que construí?". O problema é que, em última análise, nossas realizações não são nossas, pelo menos não inteiramente. Foram alcançadas com os benefícios de relacionamentos afetuosos que nos apoiaram, estruturas e leis, funcionários e colegas de trabalho, e assim por diante.

Mais básico ainda: todas as nossas realizações são feitas respirando o ar com pulmões que Deus nos deu e comendo alimentos que crescem graças à luz, ao ar e à água — nenhum dos quais é algo que você e eu, ou qualquer outro ser humano, possamos produzir. O simples fato da nossa existência como criaturas humanas atesta que não somos indivíduos autônomos e autodesignados. O regime de força persiste porque nos recusamos a acreditar nesse fato que está embutido em nossas vidas como seres finitos. Ao ignorar o testemunho da natureza e do próximo em sua chegada ao Novo Mundo, os cristãos europeus deixaram para trás um exemplo de indiferença à revelação que continua a assombrar a igreja americana até hoje. Assim, o principal pecado em questão nessa indiferença não é realmente o orgulho, mas a *incredulidade*. Deus se revelou a nós por meio de seu mundo criado, por meio do nosso próximo e pela terra, mas não ouvimos a voz da criação.

Em seu livro *Fé, esperança e amor*, Mark Jones observa que a incredulidade é o primeiro pecado. É o pecado que primeiro interrompeu a beleza primordial da criação de Deus. E assim o pecado dos colonizadores é uma recapitulação do pecado que condenou a humanidade ao seu estado decaído. Considere o relato da tentação de Eva em Gênesis 3. A serpente não começa tentando Eva a pegar o fruto e comer. Ela começa tentando Eva a não crer no que Deus disse. "Deus realmente disse?", pergunta a ela. E nessa pergunta está a destruição do amor e da reciprocidade entre as pessoas e a destruição do pertencimento humano na ordem criada. Eva escolhe não crer em Deus, mas sim na serpente. Não deveria nos surpreender, então, que o primeiro pecado levasse a muitas, *muitas* consequências devastadoras dali em diante.

É assim que Jones descreve: "A incredulidade não é um pecado pequeno, mas sim o maior de todos os pecados. A incredulidade dá origem a todos os outros pecados. Para colocar o assunto de forma mais vívida, a incredulidade essencialmente diz a Deus para calar a boca, porque não queremos ouvir o que ele tem a dizer. Assim como a fé nos leva a Deus, a incredulidade nos leva a fugir de Deus".[40] E isso, é claro, é precisamente o que

---

40 JONES, Mark. *Faith, Hope, Love*: The Christ-Centered Way to Grow in Grace. Wheaton: Crossway, 2017, p. 23 [Edição em português: *Fé, esperança e amor*. Brasília: Editora Monergismo, 2017].

aconteceu quando o pecado básico dos colonizadores se aprofundou na vida e na imaginação dos cristãos ocidentais e, de diferentes maneiras, em todo o mundo.

Quando consideramos que Deus fala conosco não apenas por meio das Escrituras, mas também por meio da natureza, a relevância do pecado da incredulidade para nossas vidas cotidianas se torna mais aparente. Dizer a Deus para "calar a boca" não é simplesmente uma questão de rejeitar a Bíblia, como muitos pensam. A Bíblia não é a única maneira de Deus falar ao mundo. Como Bavinck observa em sua *Dogmática Reformada*, tanto o testemunho escrito das Escrituras quanto a revelação divina menos perceptível, mas ainda real, encontrada na criação são formas de revelação divina. John Bolt, o editor do trabalho de Bavinck, resumiu a ideia da seguinte forma: "A revelação da criação não é menos sobrenatural que a Escritura; em ambas, o próprio Deus está em ação e sua providencial criação, sustentação e governo formam uma única e poderosa revelação contínua".[41]

Rejeitar a revelação de Deus sobre si mesmo não é simplesmente rejeitar a Bíblia — o que alguns teólogos chamam de "livro das Escrituras". É também rejeitar sua comunicação conosco por meio do mundo criado, o "livro da natureza". O falecido papa católico romano João Paulo II explica bem o ponto em sua encíclica *Evangelium Vitae*:

> Quando o sentido de Deus se perde, o sentido do homem também é ameaçado e envenenado. [...] Além disso, uma vez que todas as referências a Deus tenham sido removidas, não é surpreendente que o significado de tudo o mais se torne profundamente distorcido. A própria natureza, outrora "*mater*" (mãe), agora é reduzida a ser "matéria", e está sujeita a todo tipo de manipulação. Essa

41 BAVINCK, Herman. *Reformed Dogmatics*. VRIEND, John (Trad.); BOLT, John (Org.) Grand Rapids: Baker, 2008, 1:301 (Publicado no Brasil sob o título *Dogmática Reformada* pela Editora Cultura Cristã).

> é a direção para a qual um certo pensamento técnico e científico, predominante na cultura atual, parece estar conduzindo ao rejeitar a própria ideia de que há uma verdade da criação que deve ser reconhecida, ou um plano de Deus para a vida que deva ser respeitado.[42]

Isso ajuda a explicar por que os ocidentais passaram as últimas centenas de anos profanando desenfreadamente o mundo de Deus. Se o regime de força começou com a incredulidade, então a destruição violenta do mundo criado é simplesmente outra maneira pela qual os seres humanos, na frase vívida de Jones, "dizem a Deus para calar a boca".

Este é precisamente o tipo de movimento descrito por Arendt que culmina na corrida espacial. Deus dá à humanidade um jardim. As pessoas olham para aquele jardim e julgam que é uma prisão da qual devem ser emancipadas. Nós nos tornamos como os anões no final de *A Última Batalha*, de C. S. Lewis: estamos cercados pela beleza das criaturas e pela extravagância divina, contudo, quando uma taça de vinho perfumado é colocada em nosso nariz, sentimos apenas a água velha do cocho de um animal.[43]

É por isso que o pecado da incredulidade é tão perigoso. Suas consequências não podem ser contidas, mas se espalham por toda a vida, afetando nossa capacidade de perceber a realidade adequadamente e de amar o que é dado. Por isso o riso do padre Acosta provaria ser tão mortal. É por isso que a incredulidade é a raiz do pecado do Ocidente moderno — embora esse pecado levaria vários séculos para se desenvolver de forma mais ampla além de suas origens horríveis no início da exploração e da conquista das Américas.

---

42 PAULO II, João. "Evangelium Vitae", March 25, 1995, www.vatican.va/content/john-paul-ii/en/encyclicals/documents/hf_jp-ii_enc_25031995_evangelium-vitae.html. Acesso em: 03 de abril de 2020.

43 LEWIS. C. S. *The Last Battle*. Nova York: Harper Collins, 2000, p. 168 [Edição em português: *A última batalha*. São Paulo: WMF Martins Fontes, 2014].

CAPÍTULO

3

A DESCONSTRUÇÃO DE LUGARES

O fruto do industrialismo

EM 1871, BUFFALO Bill Cody, o famoso *showman* do velho oeste americano, estava em uma ribanceira às margens do rio Platte, a apenas trinta minutos de minha casa em Lincoln, Nebraska. Ele estava acompanhado por meia dúzia de nova-iorquinos ricos para ver o "velho oeste" com o homem que, mais do que qualquer outro, o havia tornado famoso.

E eles viram o velho oeste de Cody — se não o verdadeiro oeste. Era uma expedição de caça, e bem armada. Escrevendo para o jornal *The Atlantic*, J. Weston Phippen descreve a extravagante comitiva de viagem que esses homens trouxeram da Costa Leste: "O Exército havia fornecido uma escolta armada e 25 vagões cheios de cozinheiros, roupa de cama, porcelana, tapetes para suas tendas e uma geladeira para manter o vinho refrigerado".[44] Não eram apenas as acomodações que eram extravagantes. Os homens também apostaram que o primeiro a derrubar um búfalo ganharia uma taça de prata.

44 PHIPPERN, J. Weston. "The Buffalo Killers". *The Atlantic*. 13 de maio de 2016. Disponível em: www.theatlantic.com/national/archive/2016/05/the-buffalo-killers/482349/. Acesso em: 8 jun. 2022.

Enquanto estavam na ribanceira observando as terras ao redor, Cody avistou seis bisões em uma planície a três quilômetros de distância. Eles se aproximaram lentamente a favor do vento para não alertar o búfalo de sua presença. Uma vez que estavam perto o suficiente, eles atacaram. Um dos caçadores descreveu o que aconteceu em seguida, relatando que eles acabaram matando vários búfalos. Cada caçador levaria o rabo de um búfalo como prêmio para marcar sua conquista e, então, algumas das melhores carnes. O resto eles deixariam para apodrecer ao sol.[45]

Antes ostentando uma manada de mais de 30 milhões de búfalos que pontilhavam as pradarias, em 1900 as Grandes Planícies abrigavam apenas algumas centenas. Pelos cálculos de Cody e seus amigos, isso foi um grande sucesso. Matar os búfalos e deixá-los apodrecer foi como Cody e outros puderam abrir caminho para o reassentamento das planícies, expulsando as tribos Omaha e Pawnee de suas terras e substituindo-as por agricultores independentes e autossuficientes prontos para tomar uma fatia do que pode ser descrito como "o grande bolo norte-americano". (Esse é precisamente o termo que o rei belga Leopoldo II usou para descrever as terras e os recursos da África subsaariana que os colonizadores europeus roubaram mais ou menos na mesma época.) Um contemporâneo pontuou tão claramente quanto se pode imaginar: "Cada búfalo morto é um índio que se foi".[46] Um estudioso contemporâneo disse sobre a destruição dos búfalos que "a colonização europeia das Américas trata os animais e a vida selvagem como este congresso de recursos. Nós os transformamos em *commodities* que podemos explorar à vontade".[47]

---

45 *Ten Days on the Plains* (Crocker and Co., 1871). Disponível em: https://codyarchive.org/texts/wfc.bks00008.html. Acesso em: 8 jun. 2022.

46 MERCHANT, Carolyn. *American Environmental History:* An Introduction. Nova York: Columbia University Press, 2007.

47 Nebraska Public Media. "Return of the American Bison". 20 de abril de 2018. Disponível em: www.youtube.com/watch?v=Ww3cMgFr2xQ. Acesso em: 8 jun. 2022.

Essa é a evolução natural da visão da natureza descrita no capítulo anterior. Essa visão de mundo não poderia simplesmente ser detida pela conquista dos incas, astecas e outros grupos indígenas no século 16. A violência feita às pessoas que amavam a terra inevitavelmente seria decretada na terra e nos próprios animais.

Em muitos relatos do confronto do cristianismo com a modernidade, o drama ocorre principalmente no domínio das ideias — que, como nos dizem com frequência, "têm consequências". Mas, embora haja algo de verdadeiro nesse relato, ele deixa muita coisa de fora. Em particular, tende a empurrar as circunstâncias materiais para o limite da história, juntamente com os desejos e as motivações que moldam o mundo tão profundamente quanto as ideias.

Certamente devemos entender Nietzsche, Freud, Marx e muitos outros filósofos e pensadores se quisermos entender a nossa era. Mas também precisamos entender homens como Cody — artistas que simplesmente pensavam que estavam em um negócio, fazendo seu trabalho e ganhando a vida para si mesmos. Não importa o custo para a terra ou para as pessoas que dependiam dela — esse não era o ponto. O objetivo era abrir caminho para os colonos brancos chegarem, para trazer civilização e prosperidade para as Grandes Planícies. As características reais da terra eram irrelevantes. As necessidades da terra e dos animais que nela viviam eram irrelevantes. Com o tempo, até as necessidades dos pobres fazendeiros brancos que vieram para as planícies, como meus ancestrais imigrantes suecos que chegaram aqui uma década depois da caça de Cody, também seriam consideradas irrelevantes. Tudo o que importava era tornar a terra adequada à forma da ambição americana.

A LÓGICA DA REVOLUÇÃO

No final do século 19, a lógica subjacente da mente colonial começou a se desenvolver. O genocídio dos povos nativos estava em andamento na América do Norte, pois tanto povos inteiros quanto os ecossistemas — que eles entendiam e aos quais se submetiam — foram destruídos.

Enquanto isso, a África também estava sendo devastada por exploradores coloniais. Em um momento particularmente revelador, o futuro primeiro-ministro do Reino Unido, Lord Salisbury, retornando da Conferência de Berlim, onde os líderes europeus dividiram o continente africano em colônias separadas para seu controle e uso, disse: "Temos dado montanhas, rios e lagos uns aos outros, apenas prejudicados pelo pequeno impedimento de que nunca sabíamos exatamente onde eles estavam".[48]

Os representantes europeus em Berlim, assim como Pedro de León, não estavam preocupados com a vida indígena na África na época. Eles viam simplesmente um "continente escuro" que deveria ser civilizado e que, entretanto, tornaria muitos europeus poderosos bastante ricos. Os grupos de povos da África, suas culturas, seu modo de vida, foram todos empurrados para as margens, enquanto os próprios povos africanos foram forçados a servir como grãos que alimentavam o moinho colonial.

No entanto, a essa altura, a própria Europa começava a sentir os tremores causados pelo início da modernidade colonial. Acontece que a mentalidade colonial, que nega o *status* de criatura plena à natureza e ao próximo, não pode ser contida ou limitada apenas a pessoas afetadas de outros grupos raciais ou pertencentes a outros lugares. Eventualmente, ela se volta contra si mesma e cria discórdia e divisão entre os próprios colonialistas. Assim foi na Europa no século 19 — e, um pouco mais tarde, também na América. O nome que muitos de nós associamos a esta era é a "Revolução Industrial". Foi uma época em que a revolução colonial anterior e mais antiga começou a se manifestar na sociedade branca na Europa e na América. Com o tempo, isso afetaria a sociedade branca da mesma maneira que

48 MEREDITH, Martin. *The Fate of Africa*. Nova York: Public Affairs, 2011, p. 2.

o colonialismo afetou as comunidades indígenas na América do Norte e na África.

O GRANDE ABALO

Quando falamos sobre a Revolução Industrial hoje, tendemos a lembrá-la como uma época em que a liberdade floresceu no mundo à medida que novas tecnologias permitiam melhorias sem precedentes no PIB, na saúde de maneira geral, na expectativa e na qualidade de vida. Novas máquinas facilitaram algumas formas de trabalho e a produção de mais bens. A riqueza que isso criou produziu uma série de resultados positivos. Em seu livro *O suicídio do Ocidente*, Jonah Goldberg argumenta que o início da rápida melhoria das condições materiais da humanidade remonta à industrialização. Da mesma forma, em seu livro sobre a Revolução Industrial, *Liberty's Dawn* [O alvorecer da liberdade], a historiadora Emma Grin argumenta que a Revolução Industrial que ocorreu na Inglaterra do século 18 produziu uma era de florescimento material, educacional e romântico em todo o país, à medida que incontáveis multidões foram libertas de uma vida acorrentada à terra e ao trabalho penoso.

Certamente é verdade que há melhorias em nossas vidas materiais que decorrem da Revolução Industrial. A expectativa de vida cresceu. A mortalidade infantil diminuiu. Com o tempo, muitas doenças mortais tornaram-se muito menos comuns, graças ao saneamento moderno, e muito menos mortais graças à medicina moderna. O cidadão mediano começou a ter mais dinheiro. Todos esses foram ganhos genuínos que devem ser comemorados.

Ao criticar o industrialismo, nosso objetivo não deve ser voltar a alguma era pré-industrial, mas sim fazer o que todos os cristãos devem fazer: avaliar a saúde da nossa sociedade e sua história de acordo com noções cristãs de moralidade e justiça. Não podemos voltar aos dias anteriores a essas revoluções desastrosas; só podemos vivê-los e, no caminho, desenvolver algo mais saudável e fiel, que as repudie. Mas, assim como é errado endossar teorias excessivamente simples de declínio cultural, também é errado aceitar teorias excessivamente otimistas de progressão cultural. A ambiguidade reina na história humana e é uma lição que tanto conservadores quanto progressistas fariam bem em prestar atenção.

O mesmo se dá com a industrialização. É essencial que entendamos a natureza exata das mudanças provocadas durante esse período, se quisermos entender o mundo complexo que a industrialização criou e como continuamos a lutar com seus efeitos até o presente.

Uma ilustração de *O Senhor dos Anéis* de J. R. R. Tolkien pode ser útil aqui. No início da história, o mago Gandalf explica ao hobbit Frodo o que acontecerá com alguém que possui o anel de Sauron por muito tempo. Eles não morrerão, explica Gandalf, mas também não receberão mais vida — eles simplesmente continuarão. Eventualmente, isso causa uma espécie de afinamento, até mesmo um desvanecimento, da pessoa que possui o anel. Seus anos se estenderam muito além da sua capacidade natural e, portanto, eles próprios também estão fisicamente esticados, tornando-se quase transparentes com o tempo. Embora o possuidor do anel ainda exista, algo foi perdido, pois a forma natural de sua vida foi suprimida e depois esquecida. Bilbo, que possuiu o anel por muitos anos, descreve-o dizendo que se sente como "uma porção de manteiga passada muitas vezes sobre o pão". Ele descreve se sentir "magro" pouco antes de finalmente desistir do anel.[49]

Tolkien está sugerindo que há uma maneira de estender a existência de alguém sem ganhar mais vida. Há uma diferença, em outras palavras, entre a mera existência e a própria vida.

---

49 TOLKIEN, J. R. R. *The Fellowship of the Ring*. Nova York: Ballantine, 1954, p. 34. [Edição em português: *A sociedade do anel*. Rio de Janeiro: HarperCollins, 2019.]

A existência é o simples fato de estar no mundo. A vida, por outro lado, existe em relação harmoniosa com o mundo. A primeira é solitária, a segunda, comunitária; a primeira, segregada, a segunda, integrada.

Compreender essa diferença é fundamental para entender os ganhos que vieram da Era Industrial. O historiador inglês Christopher Dawson — ele próprio um dos favoritos de Tolkien — descreve a transformação provocada pelo industrialismo da seguinte forma: "A tendência da Era Industrial era considerar a recompensa em vez do trabalho, julgar tudo em termos de dinheiro. Os homens trabalhavam para enriquecer, e o estado de riqueza era um alvo absoluto que não precisava servir a nenhum outro propósito social — uma espécie de nirvana. Nisto, como em outras coisas, aquela época subordinou o humano ao material".[50]

O processo de industrialização prosseguiu desmontando coisas que por direito pertenciam umas às outras. O trabalho não era mais para cumprir uma função social com uma comunidade, mas para adquirir dinheiro. Não importava se você ganhasse dinheiro de uma maneira que ajudasse seu próximo ou honrasse a Deus ou não. Dawson contrasta isso com uma visão mais antiga de trabalho e sociedade:

> Na Idade Média, e em muitos outros períodos de uma ordem social mais estável, o *status* social era inseparável da função. A terra do cavaleiro e o dinheiro do mercador existiam como as doações das abadias e dos colégios, como meios para que pudessem cumprir seu ofício. Um homem que tinha grande riqueza e nenhuma função era uma anomalia, assim como, em menor grau, o homem que tinha uma função e nenhum meio para cumpri-la.[51]

---

50 DAWSON. Christopher. *Enquiries into Religion and Culture*. Washington, DC: Catholic University of America Press, 2009, p. 43. [Edição em português: *Inquéritos sobre religião e cultura*. São Paulo: É Realizações, 2017].

51 Ibid., p. 43.

Nos tempos antigos, sugere Dawson, as pessoas entendiam que havia uma relação estreita entre o propósito de uma pessoa dentro de uma comunidade e seus recursos financeiros. Havia uma relação indissolúvel entre o trabalho de uma pessoa e seu próximo. O industrialismo rompeu essa relação ao separar as realidades espirituais e comunitárias do trabalho de seus ganhos financeiros.

O presbiteriano americano J. Gresham Machen levantou uma preocupação semelhante em seu livro clássico *Cristianismo e liberalismo*. Embora reconhecendo que os ganhos materiais produzidos pela industrialização são reais, Machen lamentou o que o industrialismo deixou de fora:

> O mundo moderno representa, em alguns aspectos, uma enorme melhoria em relação ao mundo em que nossos ancestrais viviam; mas, em outros aspectos, apresenta um declínio lamentável. A melhora aparece nas condições físicas da vida, mas no reino espiritual há uma perda correspondente.[52]

Mais adiante, nesta mesma seção, Machen diria que a modernidade "se preocupa apenas com a produção do bem-estar físico". Esse é um bom extrato da preocupação de Dawson e Machen com o "progresso" que a humanidade alcançou na Revolução Industrial. Também se coaduna com a crítica que Jennings faz ao apontar que, quando a natureza e o próximo se transformam em "coisas", tudo o que resta para nos definirmos é nosso corpo material.

O progresso material da Revolução Industrial foi real em certo sentido, como já reconhecemos. Porém, mesmo no início do século 20, tanto Dawson quanto Machen temiam quais seriam

52 MACHEN, J. Gresham. *Christianity and Liberalism*. Grand Rapids, MI: Eerdmans, 2009, p. 8. [Edição em português: *Cristianismo e liberalismo*. São Paulo: Shedd Publicações, 2012].

as consequências do industrialismo. As vidas materiais estavam sendo estendidas e tornadas mais confortáveis, mas as necessidades espirituais da pessoa humana estavam sendo reprimidas. Eles começaram a se perguntar se estávamos realmente adquirindo mais vida ou simplesmente continuando a existir.

A REVOLUÇÃO INDUSTRIAL NA PRÁTICA

A criação de novas tecnologias, como a máquina a vapor, trouxe o fim de certas linhas de trabalho, bem como das formas de vida mais amplas que existiam ao seu redor. Mas, além disso, ao colocar em primeiro plano a busca do progresso material, especialmente a riqueza, e colocar em segundo plano as preocupações espirituais mais severas, o industrialismo foi capaz de justificar sua ruptura afirmando que a riqueza que produzia beneficiaria a todos — mesmo aqueles que haviam perdido suas linhas de trabalho e economias locais. O historiador Kirkpatrick Sale descreve-o assim: "Era uma economia — seja lá o que mais se poderia dizer sobre ela — destinada a desencadear certos apetites humanos, a ganância nada insignificante entre eles, e a enriquecer certos empreendimentos humanos, sendo primário o acúmulo material".[53]

Um exemplo vem do ludismo na Inglaterra no início do século 19. Quando ouvimos a palavra *ludita* hoje, tendemos a pensar em uma figura mal-humorada, um recalcitrante *hater* da tecnologia, agarrado amargamente à sua máquina de escrever e ao telefone giratório, recusando-se a ver o progresso que avanços tecnológicos trouxeram. Esse retrato realmente nos diz muito mais sobre os amantes do progresso tecnológico do que sobre os luditas de carne e osso da história. Ao considerar os luditas reais, um grupo de tecelões do início do século 19 nas terras centrais e noroeste da Inglaterra, também podemos entender melhor a

53 SALE, Kirkpatrick. *Rebels Against the Future*. Nova York: Basic, 1996, p. 52.

forma como a tecnologia industrial transformou as paisagens humanas e geográficas.

Esses luditas originais, cujo nome veio de um líder fictício do movimento chamado Rei Ludd, opuseram-se à ampla adoção de um novo tear mecânico que produzia muito mais tecido em muito menos tempo do que um tecelão humano poderia. Esse novo tear deu aos donos das fábricas, que eram ricos o suficiente para comprar tal tecnologia, uma enorme vantagem sobre as pequenas empresas domésticas que eram mais comuns até então.

Os tecelões do território britânico central sabiam que o novo tear significaria o fim de seu modo de vida. E eles estavam certos. Centenas — senão milhares — de homens que tinham seus próprios negócios e usavam seu trabalho para criar um certo modo de vida para suas famílias, bairros e cidades foram subitamente expulsos dos negócios.

Para muitos desses homens, agora privados de seus ganhos, mas ainda tendo famílias para sustentar, sua única opção de emprego era trabalhar para os próprios donos de fábricas que usaram suas máquinas para expulsá-los do trabalho. E as condições em que esses proprietários os obrigavam a trabalhar eram muitas vezes horríveis.

O que é pior, porque o salário nessas usinas era tão baixo, não era incomum que mulheres e crianças também fossem forçadas a trabalhar nelas apenas para que uma família pudesse sobreviver. Sale descreve as condições em algumas das fábricas de algodão do início do século 19, observando que os trabalhadores enfrentavam jornadas de doze a quatorze horas, às vezes até dezoito horas, e podiam ter salários reduzidos por tudo, desde deixar uma janela aberta com vento entrando até estar cinco minutos atrasado para o trabalho. Além disso, os donos das fábricas empregavam rotineiramente capatazes cuja principal tarefa era bater nas pessoas que se atrasavam ou adormeciam no trabalho. Os alvos mais frequentes para esse tratamento eram mulheres e crianças, e, segundo Sale, algumas crianças foram espancadas tão severamente que morreram devido aos ferimentos.[54]

Embora Sale não mencione isso, vale a pena notar que o algodão com que esses luditas trabalhavam nas fábricas vinha mais comumente do sul dos Estados Unidos, cultivado e colhido por trabalho escravo. E assim o negócio do algodão era uma injustiça estendida, auxiliada e incentivada pela combinação de supremacia branca, uma indiferença capitalista muito típica ao sofrimento humano e meios tecnológicos que ajudaram a classe capitalista em seu trabalho. Assim, o que animava os luditas não era uma simples tendência reacionária que os levava a odiar a tecnologia nem um romantismo ingênuo sobre o passado. Eles estavam enfurecidos por injustiças genuínas que tinham consequências horríveis para seu modo de vida. A questão não era o maquinário, mas, como diz Sale, "o que o maquinário representava". Os trabalhadores viram suas vidas sendo arrancadas e transformadas em algo feio e desumano, então se rebelaram.

Os luditas tornaram-se cada vez mais desesperados — e eventualmente cada vez mais violentos. O que começou como ataques noturnos para destruir as máquinas se tornaria ataques aos donos das fábricas e aos políticos que os apoiavam. Quando um desses proprietários foi morto, a opinião popular se voltou contra os luditas e sua causa foi derrotada. Sua própria história, talvez previsivelmente, se perdeu. No entanto, os medos e as preocupações que impulsionaram o ativismo ludita foram amplamente justificados pelos últimos duzentos anos de história.

O industrialismo também produziu outras histórias semelhantes. No início de 1800, em Nova York, um sindicato de sapateiros processou os donos de fábricas alegando que os proprietários se recusavam a pagar-lhes um salário justo e usavam trabalhadores

54 Ibid., p. 32.

pouco qualificados para substituí-los e suprimir os salários. Os donos das fábricas, por sua vez, responderam processando os sapateiros por tentarem negar aos trabalhadores menos qualificados o direito ao trabalho. Como John Lauritzen Larson observa em seu livro *The Market Revolution in America* [A revolução dos mercados na América], ambos os lados do debate pensavam que estavam lutando por "liberdade". As perguntas, como sempre são, eram: liberdade para quem? Liberdade para que fim? Liberdade para os trabalhadores buscarem um modo de vida que fosse próspero e atendesse às necessidades de suas famílias? Ou liberdade para os proprietários buscarem o lucro?

Nessas concepções rivais de liberdade, podemos ver os valores humanos mais antigos contrapostos aos valores materialistas da Revolução Industrial. Não se tratava apenas de uma luta por salários. Os sapateiros não estavam simplesmente atrás de melhores ganhos. Eles estavam tentando manter um modo de vida que se adaptasse a eles e suas famílias, no qual o trabalho era uma parte integrada que se adequava a comunidades inteiras. Nos termos do historiador Dawson, eles queriam os salários de que precisavam para cumprir sua função na sociedade.

Os donos das fábricas, em contraste, viam a liberdade principalmente como a liberdade de ganhar dinheiro — a sobreposição com a concepção de branquitude de Jennings deveria ser óbvia. Porque a greve dos sapateiros estava ameaçando sua liberdade de fazer isso, os sapateiros estavam privando os proprietários, bem como os outros trabalhadores menos qualificados que não estavam em greve, de seu direito básico ao trabalho.

O industrialismo ocorreu porque estavam sendo inventadas ferramentas que transformariam permanentemente a sociedade humana. Mas tais ferramentas — e os homens que as possuíam e as usavam para enriquecer — eram indiferentes à forma da sociedade e às necessidades das pessoas. A própria tecnologia é quase sempre indiferente a essas coisas, mas mesmo assim a natureza específica de uma tecnologia se presta a certos usos e hábitos de pensamento. A maquinaria do industrialismo tendia à eficiência em detrimento de virtualmente todos os outros valores e preocupações — uma tendência que era compartilhada pelos proprietários dos maquinários. Voltando a Dawson e Machen, tudo isso é uma história de como o material ultrapassou o espiritual, deixando os seres humanos separados uns dos outros e alienados do mundo.

O LUGAR DA TECNOLOGIA NA VIDA COMUM

Essa crítica da Era Industrial pode e deve ser distinguida de um tipo mais amplo de nostalgia por um passado sem saúde pública, saneamento básico e assim por diante. Podemos imaginar maneiras pelas quais a tecnologia industrial poderia ter sido adaptada para que ainda melhorasse a eficiência, mas sem consequências tão terríveis para a vida comum.

Não é simplesmente o fato de que essas novas ferramentas interromperam as formas mais antigas de trabalho. Isso é inerente a qualquer novo desenvolvimento tecnológico — o advento dos veleiros, por exemplo, interrompeu as formas mais antigas de fabricação de navios. O ponto é que essas novas formas de tecnologia foram projetadas para maximizar lucros financeiros para as pessoas que as possuíam, suprindo as necessidades do consumidor e, em sua maioria, eram indiferentes às necessidades mais amplas da pessoa humana relacionadas à vida social, ao trabalho e assim por diante.

Em outras palavras, o problema da Revolução Industrial não eram as máquinas em si. Em vez disso, o problema era que tais máquinas funcionavam de acordo com a lógica revolucionária que já descrevemos: foram feitas para adquirir riqueza e poder como bens em si mesmos. Além disso, a única preocupação era produzir bens baratos para que pudessem ser vendidos mais baratos. Embora essa preocupação forneça um benefício limitado para os consumidores individuais, ela tem um alto custo, pois a saúde da terra é prejudicada e as necessidades mais amplas das comunidades humanas são ignoradas.

Nada disso significa que a tecnologia em si seja ruim ou desordenada. A tecnologia é fruto do trabalho humano e da criatividade. Quando a mente humana é usada para produzir bens que servem ao próximo e à família, Deus é glorificado. O problema está na produção de ferramentas que funcionam com uma indiferença essencial às necessidades mais amplas da comunidade humana e da própria terra.

O filósofo católico Romano Guardini explica que o problema não está entre as pessoas que odeiam a tecnologia e as pessoas que gostam dos confortos da vida moderna. Em vez disso, a questão é que tipo de tecnologias faremos, como as usaremos e como elas nos moldarão. Guardini compara dois métodos para viajar sobre as águas — o veleiro e o transatlântico. Ele observa que um veleiro, embora seja uma tecnologia humana, é um tipo de tecnologia que existe em estreita relação com a natureza: "Aqueles que controlam essa embarcação ainda estão muito relacionados ao vento e às ondas. Eles estão peito a peito com sua força. Olho, mão e corpo inteiro se apoiam neles. Temos aqui uma verdadeira cultura — elevação acima da natureza, mas proximidade decisiva com ela. Ainda estamos em um corpo vital, investidos com a mente e o espírito. Dominamos a natureza pelo poder da mente e do espírito, mas permanecemos naturais".[55]

Não há problema com a tecnologia em si. Os seres humanos são seres fabricantes. De fato, o cristão crê que Deus deu à humanidade um alto chamado para administrar a terra. A mordomia implica poder e controle, mas de um tipo particular, orientado não apenas para o avanço daquele que o detém, mas também para a saúde e prosperidade daqueles sob seus cuidados.

55 GUARDINI, Roman. *Letters from Lake Como*. Grand Rapids, MI: Eerdmans, 1994, p. 12.

Assim, a crítica cristã ao industrialismo nunca pode ser antitecnológica. Ela não pode fluir do desejo de retornar a um mundo intocado, livre de toda tecnologia — esse mundo nunca existiu. Em vez disso, o chamado cristão é administrar o mundo para os fins que Deus tem para ele, que é uma cidade marcada pela plenitude e pela alegria. Portanto, o chamado não é ser antitecnologia, mas se opor aos tipos de tecnologia que obtêm seus ganhos negligenciando ou mesmo prejudicando partes da realidade. Em outras palavras, não precisamos nos tornar *amish*, mas provavelmente faríamos bem em — como afirma Andy Crouch — nos tornarmos "quase *amish*".[56]

A ideia moderna de "progresso" vê o desenvolvimento tecnológico como um meio de emancipar as pessoas para se tornarem autênticas. Isso, porém, nos deixa com uma oportunidade muito limitada de criticar novas formas de tecnologia, uma vez que ferramentas mais poderosas, robustas ou eficientes só podem significar pessoas mais poderosas, robustas ou eficientes. Uma abordagem cristã da tecnologia, em contraste, nos permite tratar cada desenvolvimento tecnológico individualmente, perguntando a cada vez por que a ferramenta é necessária, quais valores ela transmitirá a seus usuários e como ela moldará a imaginação da sociedade em geral.

Guardini inverte a discussão sobre tecnologia quando sugere que devemos abordá-la com certo ceticismo. Comumente, quando os méritos de uma ferramenta específica são debatidos, assume-se que o ônus da prova recai sobre o cético. A suposição é que nossa predileção deve ser a de favorecer a criação e produção de novas tecnologias, e somente em casos extremos rejeitar novas formas dela.

Mas Guardini sugere que devemos adotar a abordagem oposta, deixando de lado as práticas atuais e exigindo que o

---

56 CROUCH, Andy. "An Invitation to Join the Tech-Wise Family Challenge". 7 de janeiro de 2019. Disponível em: www.barna.com/techwisechallenge-andy-crouch/. Acesso em: 8 jun. 2022.

tecnólogo forneça a prova de que uma nova ferramenta deve ser promovida em toda a sociedade. Ele admite que a criação de transatlânticos é "uma brilhante conquista tecnológica" e, no entanto, acha que algo importante se perde com esses navios.

> Um colosso desse tipo avança pelo mar independentemente do vento e das ondas. É tão grande que a natureza não tem mais poder sobre ele; não podemos mais ver a natureza nele. As pessoas a bordo comem, bebem, dormem e dançam. Vivem como se estivessem em casas e nas ruas da cidade. Algo decisivo foi perdido aqui. Não só houve desenvolvimento passo a passo, melhoria e aumento de tamanho; cruzou-se uma linha fluida que não podemos estabelecer com precisão, mas que só podemos detectar quando há muito a ultrapassamos — uma linha do outro lado da qual se perdeu a proximidade viva com a natureza. Embora aquele exemplo original da cultura humana que chamamos de barco ou navio fosse um trabalho da mente e do espírito, também estava totalmente integrado à natureza. Esse tipo de cultura, constantemente refeita pela ação vital e pelo movimento da pessoa como um todo, não está mais entre nós.[57]

Que tipo de mundo o industrialismo criou? Devemos entender que, como disse Sale, o industrialismo não é simplesmente um modelo de produção de bens; é uma cultura. Em particular, é o tipo de cultura que tende para a visão de que os seres humanos podem fazer qualquer coisa por meio da indústria se apenas removermos os limites que tradicionalmente restringiram o nosso comportamento.

Isso deve soar familiar. A descoberta de que os velhos limites não se aplicam mais, de que podemos pegar o que desejamos sem nos preocuparmos com a natureza ou com o próximo, não

---

57 GUARDINI, Romano. *Letters from Lake Como*, p. 13.

começou com o industrialismo. Tudo começou no Éden, é claro, quando Eva se recusou a acreditar em Deus. Mas essa tendência tomou uma nova forma quando os colonos encontraram os estranhos novos povos e paisagens das Américas. O espírito que definiu sua resposta a esse encontro é o mesmo que define o industrialismo. É um espírito profundamente perigoso — até mesmo demoníaco. Sale explica bem:

> Imagine [...] o que acontece com uma cultura quando ela realmente desenvolve os meios para transcender os limites, tornando possível e, portanto, correto destruir os costumes e a comunidade, criar novas regras de emprego e obrigações, ampliar a produção e o consumo, impor novos meios e novas formas de trabalho e controlar ou ignorar as forças centrais da natureza. Sem dúvida essa cultura existiria por muito tempo, poderosa, expansionista e orgulhosa, antes de ter de enfrentar as verdades de que foi fundada sobre uma ilusão e que existem limites reais em um mundo ordenado, social e econômico, bem como naturais, que não devem ser transgredidos, limites mais importantes que sua conquista.[58]

Nós hoje não precisamos imaginar, é claro. É o mundo em que vivemos — e que se tornou alienante de maneira singular. No entanto, como veremos no próximo capítulo, a trágica resposta que muitos no Ocidente deram à alienação da Revolução Industrial não abordou realmente o problema. Em vez disso, foi mais um passo em direção à universalização da branquitude. Se o industrialismo foi uma destruição da terra, o que veio a seguir foi a destruição dos corpos humanos.

---

58 SALE, Kirkpatrick. *Rebels Against the Future*, p. 59.

CAPÍTULO

4

A DESCONSTRUÇÃO DO CORPO

Considerando a Revolução Sexual

A MULHER QUE a história conhece apenas como Señora J. G. tinha trinta anos quando visitou a clínica. Ela já tinha dez filhos, com idades entre dez meses e dezesseis anos. Seu marido, segundo a autora Margaret Marsh, "bebia muito e insistia em ter relações sexuais diárias, mas dizia estar doente demais para trabalhar".[59] Essa mulher veio à clínica para participar de um estudo sobre uma pílula anticoncepcional supervisionada por cientistas americanos. Era meados da década de 1950 em Porto Rico e, em poucos anos, a pílula faria sua estreia nos Estados Unidos e no Reino Unido.

Entretanto, antes de chegar aos mercados, cientistas americanos viajaram para Porto Rico para encontrar cobaias humanas para testar a droga. As mulheres americanas tiveram a chance de realizar o teste, mas esses experimentos não duraram muito por causa das "dificuldades em recrutar mulheres suficientes para participar do teste e altas taxas de desistência por causa

59 MARSH, Martha. "How Puerto Rican Women Were Used to Test the Birth Control Pill". 17 de maio de 2017. Disponível em: https://medium.com/the-lily/how-puerto-rican-women-were-used-to-test-the-birth-control-pill-7453a3b6ab73. Acesso em: 8 jun. 2022.

dos efeitos colaterais".[60] Como já havia acontecido antes na medicina americana, o "progresso" médico veio à custa de outras etnias.[61] E assim seria em Porto Rico.

Muitas das mulheres recrutadas para testar a droga eram estudantes universitárias que foram ameaçadas com notas ruins se houvesse recusa a participar. Além disso, as mulheres que tomaram a droga não foram informadas de que ainda estava em desenvolvimento, nem foram avisadas sobre os potenciais efeitos colaterais, constatados posteriormente: durante os experimentos, três mulheres morreriam e cerca de 20% relatariam efeitos colaterais como dores de cabeça, ganho de peso, náusea e tontura.[62]

No entanto, esses fatores não dissuadiram os desenvolvedores da droga de lançá-la nos Estados Unidos. Quando a primeira versão da pílula, conhecida como *Enovid*, chegou às lojas nos Estados Unidos em 1960, ela só havia sido testada em 130 pessoas. Mesmo naqueles dias, essa não era considerada uma amostra suficiente para lançamento no mercado. Assim, os cientistas que desenvolveram a droga falsificaram os números. Eles falavam sobre como observaram quase 1.300 ciclos menstruais durante o desenvolvimento ou notavam que haviam distribuído 40 mil comprimidos. Ambas as alegações eram verdadeiras — mas, ainda assim, eles só haviam testado em 130 pessoas.

Isso não impediu que a pílula transformasse para sempre a vida no mundo ocidental. Em suas memórias de trabalho como parteira na Londres do pós-guerra, Jennifer Worth descreve como a pílula transformou seu trabalho: "No final da década de

---

60 MCNEILL. Bryony. "Freer Sex and Family Planning: A Short History of the Contraceptive Pill". *The Conversation*, 13 de maio de 2018. Disponível em: https://theconversation.com/freer-sex-and-family-planning-a-short-history-of-the-contraceptive-pill-92282. Acesso em: 8 jun. 2022.

61 WASHINGTON. Harriet A. *Medical Apartheid*. Nova York: Anchor, 2008.

62 Não foram apenas as mulheres que testaram a droga. Gregory Pincus, um dos principais cientistas a trabalhar com a droga, também fez experimentos em pacientes do sexo masculino com doenças mentais, imaginando se talvez a droga pudesse diminuir seus níveis de testosterona, dificultando assim a reprodução.

1950, tínhamos de oitenta a cem partos por mês em nossos livros. Em 1963, o número caiu para quatro ou cinco por mês."[63] Isso representa uma redução de 200% nos nascimentos em apenas uma parte de uma cidade.

Preocupações de longo prazo com a droga persistiram até a década de 1980, quando as empresas farmacêuticas americanas lançaram uma nova forma da pílula com níveis hormonais reduzidos que parecem ter diminuído ou eliminado muitos de seus riscos à saúde a longo prazo.

Nenhuma dessas histórias sórdidas prova nada sobre como a contracepção deve ser abordada hoje, com certeza. Viver no mundo é entrar no meio do caminho em uma história que já viu um grande mal. Ser americano é receber uma herança que inclui o racismo desenfreado, manifestado de maneira mais óbvia (embora não exclusivamente), contra afro-americanos e nativos americanos. É impossível nos livrarmos totalmente dos ciclos de violência que vieram antes de nós. Se tentássemos, teríamos de nos retirar completamente do mundo e, mesmo assim, provavelmente ainda falharíamos. Se as horríveis raízes da pílula tornassem toda a contracepção ilegítima, o que mais teria que cair por esse princípio?

Mesmo assim, há algo que devemos observar aqui. Em meados do século 20, a vida das famílias havia se degradado tanto que muitas mulheres sentiram a necessidade de se emanciparem delas. A casa deixou de ser um lugar de trabalho compartilhado, produtividade e vida familiar. Em vez disso, tornou-se uma espécie de centro de consumo e centro de armazenamento — as vidas de homens e crianças mais velhas eram em grande parte gastas fora dela. As mulheres ficaram para trás para administrar o pouco que restava da vida familiar. Não é de surpreender, então, que muitas mulheres considerassem essa vida alienante, mesmo em situações relativamente funcionais. Se você

---

63 WORTH, Jennifer. *Call the Midwife*. Nova York: Penguin, 2002, p. 5.

adicionar a essa história o abuso sofrido por uma mulher como a Señora J. G., é ainda mais fácil simpatizar com a alienação sentida por muitas mulheres na América desse período. Algo vital no espírito humano havia sido esmagado em muitas mulheres americanas após o industrialismo e o desmembramento do lar americano. Foi exatamente essa sensação de falta de objetivo que levou Betty Friedan a escrever seu livro *A mística feminina*.

Mas a solução da nossa sociedade para o desespero sentido por muitas mulheres não foi repensar os excessos do industrialismo, tomar medidas para devolver a casa ao seu devido lugar ou chamar os maridos de volta para seus lares e as comunidades de volta à integridade e ao pertencimento. Não foi rejeitar o sistema de valores do industrialismo que julgava o valor do trabalho puramente com base em sua produção financeira. Não foi questionar a narrativa que moldou como a nova tecnologia transformou a sociedade e mudou nossa relação com o lugar e a família. Não foi buscar uma maior integração entre o ser humano e a natureza, nem trabalhar para criar condições que pudessem promover laços mais fortes de pertencimento entre as pessoas que pudessem unir comunidades e restaurar essa vitalidade perdida.

A solução foi, em vez disso, dobrar a violência — usar os mesmos métodos brutais de industrialismo que haviam cortado o vínculo entre marido e família para que as mulheres também pudessem ser "emancipadas". Que isso só pudesse ser feito tornando o corpo da mulher estéril da mesma forma que o do homem sugere que há algo na modernidade colonial que é hostil à vida, ao corpo, até mesmo às mulheres.

Foi nesse contexto que a Revolução Sexual surgiu. Ela contemplou a distopia emergente provocada pelo industrialismo e determinou que a melhor solução seria, para usar uma frase de Jonathan Chait, fazer uma distopia igualitária.[64]

---

64 CHAIT. Jonathan. "Why Conservatives Use Novels to Justify Inequality". *Intelligencer*. 8 de maio de 2015. Disponível em: https://nymag.com/intelligencer/2015/05/conservatives-use-novels-to-justify-inequality.html. Acesso em: 8 jun. 2022.

O CASO DA REVOLUÇÃO SEXUAL

A Revolução Sexual costuma ser saudada como um momento chave na emancipação de mulheres e indivíduos LGBTQIAP+ da odiosa repressão do mundo patriarcal do pós-guerra. O jornalista John Heidenry a descreve como "uma época de grande coragem, genialidade, loucura inspirada e visão invariável". Ele vê a Revolução Sexual como fundamental para ajudar a humanidade a finalmente obter "paz na terra".[65]

Isso não é surpreendente. As ideias-chave sobre sexualidade predominantes no Ocidente hoje são que o sexo é essencial para uma boa vida, que todos têm o direito de fazer sexo com quem quiserem (assumindo o consentimento de todas as partes envolvidas) sem intromissão ou interferência de outros, e que nosso direito de amar quem quisermos é, na verdade, um elemento central para expressar nosso eu autêntico. Todas essas ideias, tão centrais para a forma como as identidades modernas são formadas e compreendidas, estão inextricavelmente ligadas às transformações sociais que aconteceram durante a Revolução Sexual.

É importante dar o devido valor a esse relato positivo da Revolução Sexual, pois há muitas razões compreensíveis para que isso aconteça. Já falamos sobre como a industrialização transformou a maneira como os ocidentais trabalhavam. Os muitos comerciantes que mantinham pequenos negócios em casa — um sistema que unia as famílias e dava a pais, mães e filhos um bom trabalho para fazer juntos — foram esmagados pelo aumento da eficiência exigido pelo novo maquinário. Essas máquinas não apenas tiraram muitas pessoas do negócio, como também deixaram muitos desses artesãos com poucas opções de emprego. Mais comumente, eles acabariam trabalhando nas fábricas que os levaram a perder seus meios de subsistência em primeiro lugar.

---

65 HEIDENRY, John. *What Wild Ecstasy*. Nova York: Simon & Schuster, 1997, p. 12.

Não era incomum que essas fábricas empregassem não apenas homens, mas também mulheres e crianças. De fato, o século 19 foi um período excepcionalmente sombrio para muitos trabalhadores, especialmente crianças. O poema de William Blake "The Chimney Sweeper" [O limpador de chaminés] é um relato adequadamente sombrio e preciso da vida de muitas crianças sob o industrialismo.[66] A situação das mulheres era muitas vezes um pouco melhor. O afastamento das famílias produtivas e das economias organizadas em torno delas privou muitas pessoas de um lugar estável para viver, além de condená-las a trabalhos difíceis e perigosos nas fábricas.

Com o tempo, é claro, esse quadro começou a mudar. As condições de trabalho melhoraram no Ocidente, muitas vezes porque o trabalho mais desagradável e perigoso foi terceirizado para países subdesenvolvidos, embora às vezes também por outros motivos. Então o pagamento começou a subir. Junto com melhores salários para os trabalhadores, o que possibilitou que esposas e filhos voltassem para casa, veio a chegada de muitas conveniências modernas e a crescente acessibilidade de bens de consumo. Por exemplo, não era mais necessário que as famílias confeccionassem suas próprias roupas em suas casas. À medida que os preços das roupas caíram, graças ao advento da tecnologia industrial, o trabalho que precisava ser feito em casa foi diminuindo.

Mas com todas essas mudanças materialmente benéficas veio uma sutil redefinição do lar. O trabalho passou a ser definido pela renda que produzia, e não pelo produto que era produzido, passando a significar pouco mais do que "coisas que uma pessoa faz para ganhar dinheiro". E assim, as recompensas da Revolução Industrial obcecada financeiramente vieram principalmente para os homens, que tiveram a oportunidade de trabalhar fora de

---

66 BLAKE, William. "The Chimney Sweeper". Disponível em: www.poetryfoundation.org/poems/43654/the-chimney-sweeper-when-my-mother-died-i-was-very-young. Acesso em: 8 jun. 2022.

casa. As mulheres, precisamente porque sua capacidade de dar à luz as ligava de forma mais tangível à vida do mundo, muitas vezes foram deixadas para trás, realizando trabalhos não remunerados que exigiam menos qualificação do que em épocas anteriores e que muitas vezes vinham com graus muito maiores de isolamento. O industrialismo havia melhorado a vida financeira dos homens, embora ao custo de uma vida doméstica integral. Mas a maioria das mulheres sentiu apenas a segunda metade dessa história: elas sentiram a ruptura do lar, o desaparecimento do trabalho qualificado e socialmente admirado e a solidão subsequente, especialmente porque, no mundo do pós-guerra, cada vez mais famílias americanas se mudaram para bairros suburbanos, o que as afastou de suas famílias mais amplas. Na maioria das vezes, elas não sentiam os benefícios financeiros ou o aumento da liberdade pessoal desfrutados por homens bem-sucedidos profissionalmente na América do pós-guerra.

Na década de 1960, ficou claro que todo esse "progresso" teve um custo terrível. Betty Friedan descreve isso bem em *A mística feminina*. As linhas de abertura são justamente famosas como uma descrição clara do problema:

> O problema ficou enterrado, não dito, por muitos anos nas mentes das mulheres americanas. Era uma estranha agitação, uma sensação de insatisfação, um anseio que as mulheres sofriam em meados do século 20 nos Estados Unidos. Cada esposa suburbana lutou com isso sozinha. Enquanto arrumava as camas, comprava mantimentos, combinava o material escolar, comia sanduíches de manteiga de amendoim com os filhos, era motorista de escoteiros e bandeirantes, deitava-se ao lado do marido à noite — tinha medo até de fazer a si mesma a pergunta silenciosa — "Isso é tudo?".[67]

---

67 FRIEDAN, Betty. *The Feminine Mystique*. Nova York: Norton, 2001, p. 1 [Edição em português: *A mística feminina*. São Paulo: Editora Rosa dos Tempos, 2020].

Essa foi uma das razões mais óbvias e empáticas para a Revolução Sexual: o industrialismo esvaziou a casa que havia sido a sede da vida comunitária e o principal lugar onde poderíamos tentar um bom trabalho juntos e dar e receber amor. Esse esvaziamento do lar veio como uma compensação: o trabalho tornou-se mais eficiente, em um sentido muito específico, e os salários dos trabalhadores cresceram de acordo com isso.

No entanto, na prática, muitos dos benefícios desse comércio fluíram principalmente para os homens e muitos dos custos foram sentidos principalmente pelas mulheres. Houve casos extremos, como o da Señora J. G., mas o que mais preocupou Friedan não foram esses casos, por mais tristes que fossem. As preocupações de Friedan se voltavam para as mulheres em situações menos extremas, porém mais numerosas, cujas vidas pareciam relativamente confortáveis, mas que se encontravam presas em uma realidade que não haviam previsto ou escolhido conscientemente.

A questão que ocupou Friedan e muitos outros era a seguinte: o que poderia ser feito para garantir que o trabalho socialmente valorizado disponível para os homens, que os compensava bem e oferecia uma vida de conexão e propósito, também pudesse ser desfrutado pelas mulheres? Como o campo poderia ser nivelado de tal forma que as mulheres tivessem as mesmas oportunidades que os homens para desfrutar de um bom trabalho e manter uma vida satisfatória fora de casa, que era cada vez mais marginal na experiência social de muitos americanos?

A resposta mais óbvia a essa pergunta, tanto para pesquisadores científicos quanto para teóricos, era remover os obstáculos que impediam as mulheres de viver uma vida assim. E, segundo a história, o maior e mais óbvio obstáculo era a capacidade de uma mulher engravidar. A gravidez significaria não apenas mudanças substanciais em seu corpo, mas também severas restrições de seu tempo, pois ela seria a principal cuidadora do bebê, uma vez que somente ela poderia amamentá-lo e, portanto, deveria ficar de plantão 24 horas por dia, 7 dias por semana. Se uma mulher estava grávida ou amamentando, fatores corporais simples limitavam drasticamente o tipo de trabalho que ela poderia fazer e como ela poderia progredir profissionalmente, principalmente porque ela quase sempre competia com pessoas que não tinham essas mesmas restrições. O caminho óbvio para a igualdade, na lógica da Revolução Industrial, era a contracepção. A indústria havia quebrado os laços que prendiam os homens à casa. A contracepção agora faria o mesmo para as mulheres.

Um mundo que exige a supressão da vida para promover a igualdade é um mundo que vale a pena construir? Alguns levantaram essa preocupação. A Igreja Católica Romana tem sido uma crítica de longa data da contracepção, em parte por esses motivos. Da mesma forma, Herman Bavinck alertou sobre essas questões em seu livro sobre a família cristã. Mas essas eram vozes clamando no deserto. Afinal, grande parte do desenvolvimento da modernidade até a Revolução Sexual já dependia precisamente dessa troca: uma vontade de suprimir ou mesmo eliminar algumas formas de vida em benefício de outras.

Essa foi a história do colonialismo, em que culturas inteiras foram destruídas quase da noite para o dia para o enriquecimento dos europeus brancos. Foi a história do industrialismo, em que economias inteiras e os modos de vida que elas engendraram foram igualmente obliterados, para não falar dos animais e das paisagens que também foram destruídos. A aceitação em larga escala tanto da contracepção quanto do aborto durante a Revolução Sexual pode ser vista como simplesmente reunir ideias sobre a pessoa humana que estiveram no ar por vários séculos e aplicá-las à sexualidade — e em particular aos corpos das mulheres.

O que a Revolução Sexual fez, incluindo a ampla aceitação da contracepção e do aborto, foi tornar mais fácil para as mulheres se tornarem, na frase de Jennings, "*eus centrados*", da mesma forma que a maioria dos homens. A pergunta que raramente era feita era se tornar-se um *eu centrado* era uma coisa boa para qualquer pessoa, fosse homem ou mulher.

SEXO NA CIDADE — OU NO COSMOS?

Uma maneira de entender o que aconteceu na Revolução Sexual é vê-la como uma reversão a certas normas pré-cristãs. Em seu livro *From Shame to Sin* [Da vergonha ao pecado], Kyle Harper argumenta que a mudança característica de como o cristianismo afetou as atitudes sobre a sexualidade foi o domínio no qual o cristianismo colocou a ética sexual. O mundo clássico situava a ética sexual na vida de uma sociedade política, como uma cidade. A moralidade de qualquer comportamento sexual era julgada pela forma como esse comportamento reforçava ou minava a estabilidade política da sociedade romana.

Isso significava que todos os tipos de comportamentos sexuais altamente exploradores ou brutais eram tolerados no mundo clássico porque não minavam a ordem social ou — em alguns casos — eram até pensados para reforçá-la. A existência de milhões de escravas sexuais em todo o império era vista como um bem social, porque era somente por meio da existência delas que os vorazes apetites sexuais dos homens proprietários romanos podiam ser contidos. Sem escravos, pensava-se, essas energias seriam voltadas para atividades muito mais propensas a levar à instabilidade social, ou mesmo a guerras indesejadas e dispendiosas.

Assim, no mundo romano, o comportamento sexual era amplamente julgado pela forma como afetava a estabilidade geral do império. O principal desafio do cristianismo à ética sexual do mundo clássico foi substituir a cidade pelo cosmos. O cristianismo afirmava que a moralidade dos atos sexuais era condicionada não por sua relação com as normas sociais e a hierarquia da cidade, mas por sua afinidade com o mundo tal como foi feito por Deus. O cristianismo permitiu que as pessoas olhassem para os milhões de escravos em todo o império — para não falar das mulheres cujos maridos mantinham um verdadeiro harém de parceiros masculinos e femininos — e dissessem: "Isso está errado e tem que parar", sem muita consideração pelos benefícios supostamente "essenciais" que essa injustiça proporcionava. Isso deu-lhes a ousadia de fazer afirmações que, aplicadas consistentemente, mudariam a sociedade romana a tal ponto que o que viria a seguir seria irreconhecível em comparação com o que veio antes.

Em certo sentido, a ética sexual do Ocidente pós-cristão do século 21 não poderia ser mais diferente do mundo clássico do primeiro ao quarto séculos. O mundo clássico supunha que a energia sexual masculina era basicamente ilimitada e que a estabilidade da cidade dependia de encontrar maneiras de direcionar e disciplinar essa energia. Isso significava que, para os homens, qualquer quantidade de atos sexuais era admissível — qualquer coisa, desde sexo conjugal até manter uma amante ou manter alguns meninos por perto para estuprá-los. Escravas e meninos eram vistos como recipientes aceitáveis para a energia sexual de um homem que não podia ser satisfeita no casamento. Um homem romano explicou de maneira grosseira o papel dos escravos na sexualidade romana da seguinte forma: "Se seus lombos estão inchados e há algum menino ou menina nascido escravo em casa onde você pode se aliviar rapidamente, você preferiria explodir de tensão? Não eu — eu gosto de sexo fácil".[68] A única proibição firme para os comportamentos sexuais de homens poderosos era não ter relações sexuais com as esposas de outros homens poderosos, pois isso atrapalharia a vida da cidade ao levantar questões sobre a legitimidade dos herdeiros de um homem. O bem-estar sexual de praticamente todo mundo não era motivo de preocupação. Dessa forma, o espírito da Revolução

---

68 HARPER, Kyle. *From Shame to Sin*. Cambridge, MA: Harvard University Press, 2013, p. 27.

Sexual, com o prêmio que dá ao consentimento, está em forte desacordo com os ideais sexuais do mundo clássico.

Mas também há ressonâncias surpreendentes entre o mundo clássico e o Ocidente pós-Revolução Sexual. Em primeiro lugar, tanto no Ocidente clássico quanto na Revolução Sexual, o sexo é considerado tão básico e elementar para a vida humana que você realmente não pode viver sem ele. A Revolução Sexual simplesmente colocou as energias sexuais das mulheres heterossexuais (e, com o tempo, dos indivíduos LGBTQIAP+) no mesmo nível dos homens heterossexuais. De fato, um dos fatores-chave para desencadear a Revolução Sexual foi a pesquisa dos doutores Alfred Kinsey e Bill Masters sobre a vida sexual das mulheres. A Revolução Sexual foi, em parte, justificada com base no fato de que tornou os mesmos prazeres sexuais disponíveis para as mulheres — que, segundo pesquisas, tinham as mesmas necessidades e desejos sexuais — que há muito estavam disponíveis somente para os homens.

Em segundo lugar, tanto o mundo clássico quanto a Revolução Sexual abordaram a ética sexual principalmente como uma questão de como o comportamento sexual de um indivíduo se relacionava com a vida na cidade. A principal diferença é que a Revolução Sexual veio após o advento da branquitude e tudo o que se seguiu e foi, portanto, profundamente condicionada por essas suposições. Por exemplo, a Revolução Sexual veio após o surgimento da ideia de que era certo e bom que as pessoas pudessem criar suas próprias identidades, independentemente de como isso afetasse o próximo ou a natureza.

Podemos colocar da seguinte forma: no mundo romano, a estabilidade da cidade era incerta, então os romanos se importavam muito que as energias sexuais ilimitadas de homens poderosos fossem contidas. Se não fossem, a vida da cidade poderia ser irrevogavelmente danificada. No mundo pós-Revolução Sexual, os papéis foram invertidos, mas grande parte da lógica subjacente é semelhante, particularmente a maneira como o sexo é usado para ajudar a estabilizar um bem desejado que é percebido como incerto ou instável. O que é incerto hoje é o eu individual. Ser autêntico é um enorme desafio porque muitas forças na sociedade lutam contra a autenticidade. O Estado, por sua vez, é relativamente estável, construído sobre quantidades insondáveis de riqueza e instituições sociais notavelmente poderosas, especialmente grandes empresas e grandes governos.

Portanto, a questão em nossos dias é como essas grandes entidades podem ajudar as pessoas a direcionar suas energias sexuais de maneira a permitir que elas sejam seus *eus* verdadeiros e autênticos. O movimento começa com o que é estável, e usa o sexo para trazer estabilidade ao instável. Tanto o mundo clássico quanto a Revolução Sexual compartilham a suposição de que a energia sexual é incontrolável, que o sexo é essencial para uma vida boa e que a maneira correta de pensar sobre o comportamento sexual é julgá-lo pelo fato de fortalecer ou não um instável e incerto corpo social — a cidade no mundo clássico e o eu individual no mundo moderno.

O MUNDO QUE A REVOLUÇÃO SEXUAL FEZ

Que tipo de mundo a Revolução Sexual criou? Vários temas rapidamente se tornaram aparentes.

Primeiro, embora rime com o mundo clássico em muitos pontos, a Revolução Sexual coloca em primeiro plano o consentimento de uma forma que o mundo antigo nunca fez. Isso faz sentido, é claro, porque grande parte da sociedade revolucionária está envolvida em ideias de promoção da liberdade pessoal. No entanto, o que a Revolução Sexual tenta fazer é impressionante: ela quer reafirmar as práticas sexuais amplamente permissivas do mundo pré-cristão, mantendo a centralidade do consentimento na ética sexual. Assim, a Revolução Sexual é muito mais igualitária do que a sociedade clássica.

Mas de onde veio a ideia do consentimento como central para a sexualidade lícita? A resposta é o cristianismo. Afinal, foi Paulo quem disse que dentro do casamento o corpo do marido pertence à esposa — uma ideia chocante e até escandalosa para o mundo romano. Assim, a Revolução Sexual tentou reter elementos do cristianismo enquanto expandia dramaticamente as possibilidades sexuais.

Mas isso não funciona totalmente. O consentimento funciona melhor dentro de alianças do que conexões, como colocou o relatório do comitê da Igreja Presbiteriana na América sobre sexualidade humana.[69] Por causa disso, nossa sociedade teve que ampliar a ideia de consentimento. Não é difícil, por exemplo, ver que a pornografia na internet cumpre em nossa sociedade um papel semelhante ao da classe escrava no mundo romano: é uma saída para a energia sexual reprimida de nossa sociedade. Isso se justifica com base no fato de que profissionais do sexo consentiram em fazer sexo diante das câmeras e em ter o vídeo distribuído para consumo em massa ("consumo" sendo talvez ainda mais descritivo do que muitos gostariam de admitir).

No entanto, todo "consentimento" significa, nesse caso, que uma pessoa assinou um contrato dizendo que concorda com *x* em troca do pagamento *y*. Essa é uma concepção muito tênue. Em que circunstâncias o profissional do sexo consentiu primeiro em participar de filmes pornográficos? Em que circunstâncias continuou a consentir em fazê-lo? Se seu argumento considera apenas o contrato assinado e ignora as necessidades financeiras desenfreadas que muitas vezes levam as pessoas ao trabalho sexual — bem como a epidemia de abuso e dependência de drogas comum entre profissionais do sexo e o problema muito real do tráfico sexual endêmico na indústria pornográfica —, então sua concepção de consentimento é profundamente capitalista

---

69 Presbyterian Church in America. "Ad Interim Committee Report on Human Sexuality". Maio de 2020. Disponível em: https://pcaga.org/wp-content/uploads/2020/05/AIC-Report-to-48th-GA-5-28-20-1.pdf. Acesso em: 8 jun. 2022.

e propensa aos mesmos abusos que já vimos no industrialismo, que privilegiou reivindicações financeiras sobre preocupações sociais, culturais ou espirituais.

Isso tudo é muito previsível. Manter uma doutrina clara de consentimento em uma cultura que começa com pressupostos de isolamento, distanciamento e falta de moradia é extremamente difícil. Uma concepção rica de consentimento é difícil em um mundo onde o estado natural assumido é a violência, o estado natural da pessoa humana é a autonomia desapegada e o propósito da vida humana é projetar o eu autêntico no mundo. Nenhuma dessas crenças se alinha bem com uma visão robusta de consentimento, que tem como premissa a ideia de suprimir as próprias necessidades e os próprios desejos para acomodar as preferências do outro. Poderíamos dizer que nessa visão da realidade — e da sexualidade em particular — o consentimento é menos sobre a preservação das condições contínuas de amor e doação e mais sobre a proteção contra os piores excessos da sociedade revolucionária. Assim, o conceito de consentimento está sempre em perigo, sempre sendo negociado e definido. Essa não é uma base estável para relacionamentos sexuais saudáveis.

Essa frágil concepção de consentimento leva a um segundo problema com a sexualidade após a Revolução Sexual. Há uma história no imaginário popular que enxerga a década de 1960 como a época em que todas as energias sexuais há muito suprimidas pelas restrições cristãs foram desencadeadas, levando ao florescimento da liberdade, possibilidade e individualidade humanas. Finalmente as cadeias do cristianismo foram quebradas.

Mas esse relato não representa bem o mundo antes da década de 1960. Muitos dos hábitos mentais, dos valores e das preocupações subjacentes que levaram à Revolução Sexual já existiam no mundo ocidental algum tempo antes de ela acontecer. Já no século 16, a branquitude era usada para justificar um grau inimaginavelmente cruel de egoísmo socializado, que privilegiava o desejo europeu de autodesignar-se em detrimento de praticamente toda a vida indígena nas Américas. A história que se segue ao advento da branquitude é, em grande parte, uma história de expandir a branquitude em novos domínios e de ordenar a novos povos o mesmo acesso à autodesignação que foi desfrutado pelos conquistadores espanhóis e seus líderes nacionais durante a conquista das Américas.

A maneira correta de entender a Revolução Sexual não é como o triunfo da liberdade humana sobre a moralização controladora e desumana do cristianismo. Em vez disso, foi mais um passo para garantir os direitos de cada pessoa de se autodesignar acima e contra a visão cristã — uma visão cristã que, na melhor das hipóteses, forneceu um contexto seguro para relacionamentos sexuais, ao mesmo tempo em que forneceu um relato do florescimento humano que não exigia nenhuma experiência sexual. O que os cidadãos do mundo clássico aprenderam, e o que espero que muitos descubram nos próximos anos, é que o relato cristão da sexualidade é mais restritivo e mais humano do que o relato hedonista atualmente em voga.

Visto dessa forma, o perigo da Revolução Sexual torna-se mais aparente. Na concepção cristã da sexualidade, a identidade do eu é assegurada, em última instância, em Cristo, mas também na aliança do casamento. Essa segurança do eu torna possível ver o sexo principalmente como um ato de doação de si mesmo, em vez de autorrealização. Ela reorienta o ato sexual para longe das nossas próprias necessidades, experiências e desejos e para perto das necessidades, experiências e desejos do outro. É capaz de fazer isso porque o sexo é, em última análise, desnecessário como forma de definir nossa identidade. Sexo não é necessário para viver uma boa vida.

Todas as pressões que vêm com o sexo quando este é visto como uma forma primária de autodesignação são removidas na visão cristã da sexualidade. Uma pessoa pode ver sua vida sexual como sendo principalmente sobre servir e amar seu parceiro. Tim Keller explica bem:

> Na Roma Antiga, geralmente havia uma parte — a parte com poder — usando a outra parte como objeto para satisfazer suas necessidades físicas. Hoje, muitas vezes, as partes estão usando uma à outra, tratando a outra parte como um objeto para atender às necessidades, para se relacionar apenas enquanto essas necessidades estiverem sendo atendidas. [...] A teologia cristã responde que o sexo [...] deve refletir Deus e em particular seu amor redentor. O sexo não é sobre aumentar o poder de alguém, mas sobre desistir mutuamente de poder um ao outro em amor, como Cristo fez por nós.[70]

No relato da Revolução Sexual sobre a sexualidade humana, um ato que deveria selar o vínculo entre os parceiros pactuados é principalmente um ato de autoexpressão, um meio de projetar nosso verdadeiro eu no mundo. Assim, nosso parceiro sexual é reduzido de "amado" e transformado em acessório para nossa própria expressão sexual.

Finalmente, a Revolução Sexual levanta questões importantes sobre a necessidade do sexo. Uma consequência de fazer do sexo uma forma primária de projetar nossas identidades é que isso levanta questões difíceis sobre o "direito ao sexo". Seguidas à sua conclusão natural, essas perguntas levam a algumas conclusões alarmantes, como Ross Douthat observou em uma coluna publicada em 2018 sobre o número crescente de "celibatários involuntários" ou "incels" no Ocidente contemporâneo.[71]

Se experiências sexuais satisfatórias são necessárias para viver uma vida autenticamente boa, então um "direito ao sexo" naturalmente está ligado a isso. Isso nos deixa com duas possibilidades políticas. Em primeiro lugar, o consentimento pode ser

---

70 Presbyterian Church in America. "Report of the Ad Interim Committee on Human Sexuality", p. 39-40.

71 DOUTHAT, Ross. "The Redistribution of Sex". *New York Times*. 2 de maio de 2018. Disponível em: www.nytimes.com/2018/05/02/opinion/incels-sex-robots-redistribution.html. Acesso em: 08 jun. 2022.

ainda mais enfraquecido nos casos de pessoas que são incapazes de atrair um parceiro sexual, mas ainda têm o direito ao sexo garantido. Alternativamente, a sociedade poderia considerar o comércio de pornografia e bonecas sexuais como uma espécie de direito humano de fato para aqueles que são incapazes ou que não desejam procurar parceiros sexuais humanos.

Mas isso simplesmente reprisa o problema mencionado anteriormente: como entendemos o consentimento que profissionais do sexo dão aos pornógrafos e seu público? O que podemos fazer com o fato de que o abuso de drogas e álcool, bem como a insegurança de renda, são endêmicos entre eles, sugerindo que profissionais do sexo estão consentindo sob coação? Nossa sociedade igualitária é mais parecida com o mundo romano do que gostaríamos de admitir. Simplesmente, no típico modelo moderno, deslocamos o sofrimento que nossa visão de mundo cria. Os colonialistas deslocaram o sofrimento exportando-o para as Américas e depois para a África e partes da Ásia. Hoje, nós o terceirizamos para profissionais do sexo e trabalhadores fabris empobrecidos em todos os países subdesenvolvidos.

Nesse sentido, podemos realmente ser piores do que o mundo clássico. Para o mundo romano, o sofrimento da população escrava tinha de ser racionalizado, mas para nós o sofrimento de nossa população escrava de fato pode ser ignorado, suprimido pela distância e pela falta de contato pessoal que nossa tecnologia nos impõe. Existem alternativas para esse mundo, é claro, mas elas envolvem um repensar muito mais radical sobre o que o sexo saudável realmente é. Levantar tais questões é atacar não apenas a Revolução Sexual, mas também nossa sociedade revolucionária em geral, e é precisamente isso que os revolucionários nunca estão dispostos a fazer.

E assim, como na Revolução Industrial, a resposta à crise provocada pela Revolução Sexual é aprofundar a lógica da revolução, como veremos no próximo capítulo.

CAPÍTULO

5

A DESCONSTRUÇÃO DAQUILO QUE É REAL

O deslumbramento entre as instituições

O FILME *O sentido da vida,* do Monty Python, começa com uma cena chamada "O milagre do nascimento". Nele, uma mulher grávida em trabalho de parto é transportada por corredores cinzas estéreis em uma maca, batendo ruidosamente através de portas de vaivém com um estrondo e um estremecimento a cada poucos segundos antes de ser carregada para a sala de parto.

Antes que ela seja levada, a câmera corta para os médicos, que entram na sala e observam que ela parece um pouco vazia. Eles prontamente pedem a seus assistentes que carreguem uma série de máquinas, incluindo a mais cara, "caso o administrador chegue", e "a máquina que faz 'ping!'" — que, aprendemos mais tarde, diz aos médicos que "o bebê está vivo".

A partir daqui, acumulam-se absurdos: uma vez que todas as máquinas foram montadas, os dois médicos, interpretados por John Cleese e Graham Chapman, observam que ainda falta algo. Eles têm todas as máquinas, bem como uma equipe completa de enfermeiras. De repente, eles se olham e ao mesmo tempo percebem seu erro: falta a paciente. Eles então começam a gritar: "Paciente! Paciente!", como se chamassem um animal de estimação.

Então, uma das enfermeiras descobre a paciente deitada em uma maca e escondida atrás de várias outras máquinas.

Eles a movem para a mesa de operação e vários observadores são trazidos para a sala. Um homem na frente começa a falar com a paciente, e os médicos perguntam quem ele é. "O marido", ele responde. Os médicos ordenam que ele saia da sala, explicando que "apenas as pessoas envolvidas podem entrar aqui". Assim, o marido é levado para fora enquanto sua esposa fica com uma equipe de médicos, enfermeiras, vários doadores e, finalmente, o próprio administrador, que aparece no momento em que o marido está sendo retirado do quarto.

O administrador troca gentilezas com a equipe, comentando sobre todas as máquinas antes de perguntar à equipe no que eles estão trabalhando hoje. "Um parto", dizem os médicos, explicando ainda que um nascimento é "quando tiramos um novo bebê da barriga de uma senhora". O administrador responde: "Ah, as coisas maravilhosas que podemos fazer hoje em dia!".

A mulher dá à luz. Um médico usa um cutelo para cortar o cordão e o outro mostra o bebê para a mãe. Então eles "a sedam, numeram a criança, medem, classificam o tipo sanguíneo e [...] a isolam!". Uma enfermeira anuncia: "Acabou o show!", e todos saem da sala. Os médicos conversam brevemente com a mãe, que pergunta o sexo do bebê, ao que o médico interpretado por Chapman responde: "Acho um pouco cedo para impor papéis, não é?". Os médicos saem da sala, deixando a mulher sozinha, apenas com as máquinas como acompanhantes. A máquina faz "ping!" e a cena termina.[72]

A PERDA DO VERDADEIRO

Uma maneira de entender a crise de nossos dias é como uma espécie de sentimento de privação que cresce lentamente.

72 *The Meaning of Life*. Dirigido por Terry Jones. Londres: Celandine Films, 1983.

É uma história de como cada vez mais elementos da vida humana são obscurecidos por transformações sociais e instituições que se inseriram entre nossas vidas e a realidade. Daí o humor na esquete do Monty Python: há poucas coisas mais maravilhosas do que o nascimento de um filho. No entanto, cuidados médicos bem-intencionados e muitas vezes necessários vieram ao longo do tempo para obstruir a experiência essencial do nascimento que define a primeira entrada de uma criança no mundo. E o nascimento, é claro, não é o único lugar onde isso acontece.

No primeiro capítulo, defendi a importância de uma concepção densa da natureza. Ao contrário das afirmações de muitos de nossos pares (assim como muitas figuras históricas — leia Homero), o mundo não é primordialmente violento e caótico. Em vez disso, o mundo é fruto da ação intencional de Deus. Não chegamos a este mundo por acaso. O mundo em si não é um acidente. Os lugares em que vivemos não são o resultado de uma espécie de acidente de carro cósmico, mas são projetados por Deus para promover o crescimento humano e das criaturas. A natureza, como entendida pelo cristianismo histórico, é coerente, uma ordem, um plano de amor e de verdade.

Antes de colocar meus filhos na cama à noite, oro com eles esta oração do *Livro de oração comum*: "Ilumina nossas trevas, nós te suplicamos, ó Senhor; e por tua grande misericórdia, defende-nos de todos os riscos e perigos desta noite; pelo amor de teu único Filho, nosso Salvador, Jesus Cristo. Amém".[73] É uma oração antiga, mas algo importante está acontecendo nela. É a oração que fazemos ao cair da noite, quando fechamos os olhos e descansamos a cabeça no travesseiro. É, em outras palavras, uma oração que usamos antes de entrar em nosso estado mais vulnerável. Quando dormimos, somos incapazes de agir para nos proteger. Quando dormimos, estamos confiando nossa

73 *The Book of Common Prayer*. "The Third Collect for Aid Against All Perils". Disponível em: www.churchofengland.org/prayer-and-worship/worship-texts-and-resources/book-common-prayer/order-evening-prayer. Acesso em: 08 jun. 2022.

segurança em outras coisas — nas fechaduras das portas, nos procedimentos e nas normas que vão contra o arrombamento de casas e na ameaça de recriminações legais caso alguém nos ataque durante o sono. No entanto, todas essas proteções podem falhar. Afinal, casas são arrombadas. Além do mais, um desastre natural pode acontecer — uma tempestade pode derrubar uma árvore, que pode cair em nossa sala de estar. Um pedaço de fiação defeituoso na cozinha pode causar um incêndio. Apesar de todos os nossos esforços, nossa segurança durante esse período de vulnerabilidade não é garantida. Por isso oramos, pedindo a Deus que nos proteja durante a noite.

É possível ser vulnerável e ainda assim estar seguro. Essa simples oração da noite nos ensina uma das coisas mais importantes que podemos aprender neste mundo. Embora o mundo seja muitas vezes violento e perigoso, não precisamos nos entregar a um espírito de medo. Ainda podemos, em certo sentido, estar em casa mesmo no mundo. Por causa disso, é possível que reconheçamos nossa própria vulnerabilidade aos males do mundo sem sentir a necessidade de fugir do mundo ou subjugá-lo ao nosso domínio.

Ao longo da era moderna, começando no colonialismo, essa experiência de ser vulnerável e ainda pertencer ao mundo foi erodida. Nossa capacidade de nos sentirmos em casa no mundo foi corroída à medida que mais e mais da realidade criada foi afastada de nós. Na descrição do capítulo dois sobre o movimento colonial, vimos que um aspecto importante da fundação da modernidade foi o divórcio da pessoa humana e sua identidade das paisagens naturais, dos ritmos e das estações de seu lar, sua cultura e seus vizinhos. O colonialismo corroeu tudo isso ao transformar tudo fora do meu corpo em uma "coisa", para usar o termo de Simone Weil.

A Revolução Industrial pressionou ainda mais essa tendência, violando desenfreadamente a natureza em nome do lucro material e divorciando os seres humanos de qualquer senso de propriedade ou significado em seu trabalho. A Revolução Sexual pressionou ainda mais essas realidades ao observar a "emancipação" que os homens recebiam por meio do trabalho assalariado fora de casa e que as crianças recebiam por meio da escolaridade obrigatória, e ao considerar que a única coisa justa a fazer era igualmente emancipar as mulheres de casa, lançando-as no mesmo mundo de trabalho alienado em que os homens foram fuzilados um século antes. Se o industrialismo arruinou a família produtiva, a Revolução Sexual arruinou a família natural.

Todas essas perdas foram significativas. E, no entanto, agora nos voltamos para algo ainda mais básico: o movimento para privar a humanidade de um sentimento de deslumbramento ao encontrar o mundo de Deus.

O QUE ENTENDEMOS POR DESLUMBRAMENTO?

Cresci em uma antiga cidade ferroviária que muito antes havia sido anexada pela cidade de Lincoln, Nebraska, mas a maioria dos meus amigos vivia "no interior", como descrevemos. Um morava em uma fazenda nos arredores de Seward, uma pequena cidade a meia hora a oeste de Lincoln, que era muito longe para ser prática para encontrar os amigos para brincar. Mas dois outros amigos moravam em terrenos nos arredores de Lincoln. Essas áreas se tornaram os locais de algumas das minhas memórias de infância mais importantes.

Havia um riacho atrás da casa de um amigo, delimitado em ambos os lados por uma fina linha de árvores. Saltávamos sobre o riacho, explorávamos em busca de rochas e pequenos animais e, às vezes, construíamos pequenas e frágeis estruturas na floresta. Esse amigo também tinha um trampolim — e não um dos trampolins de hoje com uma rede de proteção para nos impedir de cair. O trampolim dele era completamente aberto. Isso, é claro, significava que nossas brincadeiras de luta-livre vinham com um certo risco — se você não tomasse cuidado com o passo, poderia escorregar e cair. Uma vez, meu melhor amigo e eu convencemos seu irmãozinho, que provavelmente estava na primeira ou segunda série escolar na época, a pular no trampolim enquanto lançávamos balões de água nele a cerca de cinquenta metros de distância. Eu trouxe um lançador de balões de água comigo — essencialmente um elástico gigante com uma bolsa costurada nele para segurar os balões de água — e decidimos nos divertir à custa do irmão dele. Depois que os primeiros passaram voando por ele em alta velocidade — um bom lançador pode disparar os balões a quase 160 quilômetros por hora —, ele correu para dentro e fomos poupados do problema que teríamos se tivéssemos acertado ele.

Meu outro amigo também tinha um trampolim. O dele foi montado perto de um grande forte ao ar livre que seu pai havia feito para ele e seu irmão. Crucialmente, o forte incluía um balanço de corda. E assim criamos um jogo em que tentamos usar a corda para balançar do forte ao trampolim, pulando do balanço no ponto mais alto e tentando chegar até o trampolim. (O fato de termos feito todas essas coisas sem quebrar um osso é — você provavelmente concordará comigo — um dos maiores mistérios do mundo.) A casa desse amigo também era o local para jogos noturnos de “Ghost in the Graveyard” [Fantasma no cemitério]. Nossa versão do jogo, que também ouvi chamar de “Ghosty Ghosty” [fantasminha], envolvia a identificação de duas bases. Para nós, as bases eram muitas vezes o tanque de propano, que ficava a cerca de vinte metros da casa dele, e o velho celeiro do lado oposto da propriedade. Uma pessoa, o fantasma, se esconderia em algum lugar entre as duas bases. Os jogadores restantes contariam enquanto o fantasma se escondesse. Então eles tentariam correr de uma base para outra sem serem pegos.

Não era um jogo totalmente seguro. Certa vez, um amigo estava correndo a toda velocidade tentando escapar do fantasma quando se deparou com um varal amarrado entre dois postes. Infelizmente para ele, sua testa tinha a mesma altura do varal.

A linha dobrou-se ligeiramente quando ele correu para ela e, em seguida, recuou, instantaneamente derrubando-o e deixando um corte feio em sua testa. Levou apenas algumas horas antes de todos nós pensarmos que a coisa toda era hilária. Afinal, quantas pessoas podem dizer que foram penduradas por um varal de verdade?

Esses lugares, esses jogos e essas pessoas são algumas das imagens dominantes da minha infância. Eles são como eu encontrei o mundo pela primeira vez e comecei a entendê-lo. São as pessoas com quem cresci. Às vezes me preocupo que, quando falamos sobre sentir uma sensação de deslumbramento pelo mundo, soamos como se estivéssemos descrevendo alguma experiência notável na qual somos apanhados em algum momento extático de contemplação. Com certeza, essas experiências acontecem e podem ser significativas e boas. Mas falar de deslumbramento apenas nesses termos pode ser um desserviço, como se fosse acessível apenas a pessoas com uma certa capacidade imaginativa ou um espírito mais sentimental. Quando falo sobre deslumbramento, quero dizer algo como as experiências que meus amigos e eu compartilhamos crescendo, constantemente sendo levados a sair de casa (e ficar longe dos videogames) por nossos pais (que Deus os abençoe) e ir para a natureza, ou pelo menos algo próximo disso.

O deslumbramento que tenho em mente são os milhões de casos imperceptíveis da juventude quando descobrimos que o mundo é estranho e interessante, e de alguma forma parece certo para nós. É aquele momento em que uma pedra é levantada, revelando um enxame de insetos e bichos rastejando por baixo e fugindo mais fundo na terra enquanto nós, meninos, rapidamente cavamos ainda mais fundo, tentando pegá-los. É aquela emoção que sentimos quando o ar passa pelo nosso rosto quando saltamos em um riacho. É aquela onda de adrenalina que sentimos enquanto caminhamos lentamente por um campo escuro à noite e de repente ouvimos um amigo gritar "Fantasma no cemitério!", e corremos desesperadamente em direção ao celeiro, sentindo a grama roçando nossos pés e o ar passando por nosso corpo — de preferência, sem bater em um varal.

Essas experiências expandiram nossa imaginação, ou seja, ampliaram nossa ideia do que era o mundo, do que poderíamos fazer nele e do prazer que ele poderia nos proporcionar. Elas incutiram em nós a ideia de que poderíamos ser surpreendidos pelo mundo sem sermos ameaçados por ele; reservar um tempo para conhecer esse mundo era algo que valia a pena e recompensava. Ele nos ensinou, como disse Marilynne Robinson, que "este é um planeta interessante e merece toda a atenção que você puder dar".

Uma das minhas fotos favoritas do meu filho mais velho o mostra, então com quatro anos, sentado em nosso quintal, curvado em uma cadeira de criança, pernas esticadas o máximo possível, botas de chuva enormes nos pés, chupando um picolé. É uma imagem da juventude, alguém que está apenas começando a descobrir o mundo e, no entanto, já encontrou maneiras de se sentir confortável nele — e descobriu que ele é bom.

A PRIVAÇÃO DO DESLUMBRAMENTO

Em seu livro *Sociedade sem escolas*, o crítico de tecnologia tcheco Ivan Illich argumenta que grande parte de nossa experiência do mundo hoje é obstruída e condicionada por instituições. Ele se refere a isso como a institucionalização de valores. Illich estava particularmente preocupado com a educação. Escrevendo na década de 1970, ele argumentou que as escolas transformaram algo tão expansivo e central para a experiência humana quanto o aprendizado em um tipo de processo mecânico.

O que *deve* ser a aprendizagem? Segundo Illich, aprender é o que acontece quando abrimos os olhos para o mundo e começamos a entendê-lo. Ouvimos o canto dos pássaros e depois aprendemos a nomeá-los: cardeal, pomba de luto, gaio-azul.

Vemos algo caindo suavemente do céu e então aprendemos seu nome — neve — e começamos a brincar com ela. A educação nos ajuda a abrir os olhos para o mundo com maior conhecimento, o que, por sua vez, nos ajuda a responder ao mundo com maior cuidado, a interagir com ele de maneiras que tendem à saúde e ao crescimento. "Nada estará no intelecto que não seja primeiro sentido", disse o educador católico John Senior. Ele também disse que o deslumbramento é nosso direito inato como seres humanos e, seguindo a orientação de Aristóteles, esse deslumbramento deve vir antes da sabedoria. Antes que possamos aprender a agir com responsabilidade e sabedoria no mundo, devemos nos surpreender com ele. É claro que esse tipo de educação é obtido simplesmente vivendo, como bem sabia outra educadora, a teórica britânica do século 19 Charlotte Mason. "A educação é uma atmosfera [...], uma vida", disse Mason. A educação acontece ao nosso redor e o tempo todo simplesmente porque somos humanos, e o mundo é interessante e capaz de falar conosco. Vejo meu pai trabalhando no carro e fico ao lado dele para ver o que ele está fazendo. Vejo o irmão de um amigo alimentando as galinhas e observo. Ouço minha mãe tocando piano e vou assistir enquanto ela pressiona os pedais, seus dedos dançando pelas teclas enquanto o som da música "Für Elise" enche a casa.

Mas isso, argumenta Illich, não é o tipo de educação oferecida na maioria das escolas. Em vez disso, nossas escolas oferecem educação a partir de livros didáticos e de acordo com currículos aprovados por especialistas. E assim nos ensinam duas coisas antes mesmo de termos idade suficiente para perceber que estamos sendo ensinados. Primeiro, nos dizem que aprender é algo que só acontece quando estamos interagindo com autoridades aprovadas dentro dos limites de uma instituição aprovada. A aprendizagem acontece quando abro o livro e leio as páginas designadas. Isso não acontece quando estou no recreio, vendo um passarinho pular em um galho. Segundo, aprender é algo que consumimos por meio das autoridades designadas, e não algo que buscamos ativamente como parte do nosso direito inato como seres humanos que carregam a imagem divina.

Nossos sistemas educacionais nos condicionam a considerar nossas vidas como um movimento de instituição para instituição, a experimentar a realidade apenas quando ela nos é mediada pelas autoridades apropriadas. A emoção dos olhos arregalados de um menino correndo pela floresta, pulando riachos e enfiando as mãos na terra não é condenada ou contrariada, mas é implicitamente eliminada como uma possibilidade desde o início. De fato, como o lar e a família estão em declínio, a maioria das crianças de hoje entra na vida institucional como bebês e nunca tem a chance de simplesmente encontrar o mundo sem a mediação de adultos ou instituições. Desde cedo aprendemos a interpretar o mundo com a ajuda de instituições, e aprendemos que a vida é principalmente uma questão de consumo, não de criação.

Para ser claro, a questão aqui não é que as instituições sejam inerentemente ruins em si mesmas. Em vez disso, a questão é que muitas delas se tornaram o principal meio pelo qual a divisão entre as pessoas e o mundo é mantida e até reforçada. Illich usa a ideia de "iatrogenia" para explicar o problema. Originalmente, iatrogenia referia-se a patologias causadas por médicos ou enfermeiros tentando curar um paciente. Em termos contemporâneos, a história muito comum de uma pessoa que foi gravemente ferida e depois se tornou viciada em analgésicos durante o tratamento pode ser vista como um exemplo de iatrogenia. Da mesma forma, na sociedade, a iatrogenia ocorre quando uma instituição que se destina a promover algum bem desejado passa a causar um mal maior na busca desse bem. Como isso acontece? Illich usa o exemplo de dois momentos "divisores de águas" na assistência médica para explicá-lo.

O primeiro divisor de águas ocorre quando uma nova tecnologia surge e produz uma rápida e significativa melhora na qualidade de vida. Isso aconteceu na primeira metade do século 20 na assistência médica americana, quando as vacinas erradicaram doenças outrora devastadoras e a descoberta da penicilina tornou possível tratar muitas doenças comuns de forma mais eficaz. Mas então surge um segundo divisor de águas quando o objetivo original é perdido e a tecnologia ou instituição se torna autorreferencial, julgada apenas por quão bem ela serve a seus próprios fins. Illich explica isso em *The Convivial Society* [A sociedade da convivência], argumentando que um "segundo divisor de águas" é alcançado quando novas tecnologias e técnicas são adotadas não porque melhoram substancialmente as vidas humanas, mas porque atendem às necessidades de uma instituição.[74]

Em outras palavras, uma vez que passamos pelo segundo divisor de águas de Illich, uma instituição não é mais julgada pelo fato de servir à sociedade de alguma forma real e tangível de acordo com sua intenção original. Em vez disso, ela é julgada pelos padrões que definiu para si mesma. Podemos ver um processo semelhante na economia: a economia americana estava, em certo sentido, crescendo ao longo das décadas de 1980 e 1990. Mas o *boom* não significou necessariamente salários mais altos para os profissionais americanos médios ou uma melhoria na qualidade de vida americana, pois o bom trabalho foi feito a serviço do próximo. Tudo o que uma "economia em expansão" significava era que o mercado de ações estava saudável e as pessoas que investiram em ações estavam se saindo bem. A relação real entre o crescimento econômico daquela época e o *status* dos trabalhadores americanos comuns era, na melhor das hipóteses, tênue.

Da mesma forma, podemos ver o processo de iatrogenia no sistema educacional americano. Os alunos nos Estados Unidos recebem um currículo e uma lista de leitura padronizados (consistindo quase inteiramente de livros didáticos). Somos ensinados que o propósito de nossa educação é nos equipar para

---

74 ILLICH, Ivan. *The Convivial Society*. Nova York: Harper & Row, 1973, p. 7.

passar em testes padronizados antes de adentrar a vida adulta em um trabalho padronizado no mercado capitalista. A escola torna-se um laboratório preparatório para o capitalismo contemporâneo, uma fábrica que contém as crianças até que possam ser produtivas. E assim as instituições educacionais não são mais avaliadas de acordo com o fato de seus alunos se formarem com amor ao aprendizado, fascínio com o mundo ou desejo de cultivar suas mentes. Elas são, em vez disso, julgadas por resultados de provas, taxas de conclusão de curso e, no caso das faculdades, por taxas de colocação profissional.

Se compararmos com o modelo de educação descrito anteriormente, podemos dizer que a maior parte da escolaridade — e a escola cristã que frequentei quando jovem era realmente pior do que todas as escolas públicas que encontrei — não começa com uma criança abrindo seu olhos para a realidade, mas sim com os criadores de currículo embalando a realidade em caixas, que são enviadas e abertas pelos alunos em suas carteiras aprovadas, em suas salas de aula aprovadas, sob a supervisão aprovada de profissionais credenciados.

Assim encontramos apenas as partes do mundo que podem ser moldadas para caber em caixas, que podem ser transformadas em um currículo padronizado, que podem ser abordadas em testes padronizados. Essa privação do deslumbramento é mais básica e mais horripilante do que muito do que já descrevemos.

O PERIGO DE UMA HISTÓRIA ÚNICA

Em sua palestra "O perigo de uma história única", a romancista nigeriana Chimamanda Ngozi Adichie descreve seus encontros de infância com livros e escrita quando jovem morando no leste da Nigéria. Embora nunca tivesse saído do país, Adichie cresceu lendo livros infantis americanos e britânicos. E, ela explica, isso moldou sua imaginação de maneiras que criaram uma distância entre ela e sua casa:

> Por volta dos sete anos de idade, quando comecei a escrever histórias a lápis com ilustrações de giz de cera que minha pobre mãe era obrigada a ler, escrevi exatamente o tipo de história que estava lendo: todos os meus personagens eram brancos e de olhos azuis, brincavam na neve, comiam maçãs e falavam muito sobre o tempo, sobre como era lindo o sol ter saído — apesar do fato de eu morar na Nigéria. Eu nunca tinha saído da Nigéria. Não tínhamos neve, comíamos manga e nunca falávamos sobre o tempo, porque não havia necessidade. Meus personagens também bebiam muita cerveja de gengibre, porque os personagens dos livros britânicos que li bebiam *ginger ale*. Não importava o fato de que eu não tivesse ideia do que era *ginger ale*.[75]

A história única que Adichie recebeu sobre criancinhas brancas na Europa e na América desfrutando da comida, bebida e clima daquele lugar fez com que ela realmente não visse seu lugar. Os criadores de currículos e produtores de entretenimento definiram essencialmente o mundo para Adichie antes que ela tivesse idade suficiente para encontrá-lo por si mesma e para experimentar na realidade todo o seu surpreendente deslumbramento e formas locais distintas.

Esse é o perigo em uma educação pré-embalada guiada por currículo e livros didáticos. Tal educação tem um modo de se colocar imperceptivelmente entre nós e o mundo, o que tem o efeito de obscurecer o que está diante de nós e nos ensinar a encontrar a realidade principalmente pela mediação, e não pelo encontro direto com o mundo. Em seu poema "How to Be a Poet" [Como ser um poeta], Wendell Berry aconselha seus leitores a "respirar com respiração incondicional o ar incondicionado" e "ficar longe de qualquer coisa que obscureça o lugar em que

---

75 ADICHIE, Chimamanda Ngozi. "The Danger of a Single Story". *TEDGlobal 2009*. Disponível em: www.ted.com/talks/chimamanda_ngozi_adichie_the_danger_of_a_single_story/transcript?language=en. Acesso em: 08 jun. 2022.

está".[76] O poema também poderia se chamar "Como ser uma pessoa". O que há de mais perigoso e pernicioso em nossa sociedade é a maneira como ela torna esse tipo de encontro com a realidade muito mais raro e difícil.

A HUMANIDADE NO EXÍLIO

No capítulo dois, consideramos o lançamento do Sputnik I como a modernidade em seu apogeu. Quando lançamos aquela pequena bola de metal em órbita, estávamos anunciando ao universo e a nós mesmos que poderíamos escapar dos confins deste planeta, que poderíamos mirar nas estrelas e algum dia descobrir que elas estão ao nosso alcance. Foi um sonho romântico, mas não aconteceu como aqueles cientistas sonharam primeiro — como nossa emancipação dos confins deste planeta, nosso lar. Descobriu-se que romper os laços que nos unem à mãe terra não nos liberta, mas nos condena a uma profunda solidão, uma sensação de estarmos desvinculados de nossos lugares, dos nossos vizinhos e de nós mesmos.

Os soviéticos lançaram o satélite de um laboratório de pesquisa e base de lançamento no sul do Cazaquistão — um canto remoto do antigo império soviético que permitia o tipo de experimentação que a União Soviética do pós-guerra desejava realizar. O afastamento do Cazaquistão ofereceu outros benefícios que logo se apresentaram aos líderes soviéticos.

Além de ser um local ideal para experimentação científica — que incluía testes nucleares e exploração espacial —, também era um excelente lugar para colocar prisioneiros políticos que não podiam, por qualquer motivo, simplesmente ser mantidos nos *gulags* da Sibéria. Por isso, enquanto os cientistas soviéticos estavam realizando os primeiros experimentos que culminariam

76 BERRY. Wendell. "How to Be a Poet". Disponível em: www.poetryfoundation.org/poetrymagazine/poems/41087/how-to-be-a-poet. Acesso em: 08 jun. 2022.

na Sputnik I, o grande escritor russo Alexander Solzhenitsyn, recentemente libertado de um campo de concentração siberiano, mas ainda considerado perigoso demais para ser autorizado a retornar à vida civil, estava vivendo a 160 quilômetros de distância daquele laboratório em uma vila remota chamada Birlik. E assim, dentro dessa pequena área em um canto obscuro da antiga União Soviética estavam tanto a esperança da modernidade, simbolizada pela Sputnik I, quanto talvez o crítico mais perspicaz e incisivo da modernidade, recém-saído de um período nos *gulags* de Stalin.

Eventualmente Solzhenitsyn deixaria o Cazaquistão. Com o tempo, ele seria enviado para o exílio no Ocidente. Talvez você possa pensar que um escritor como ele encontraria "liberdade" no Ocidente. Ele se deleitaria com a abertura e até mesmo a permissividade que era inimaginável por trás da Cortina de Ferro. Mas ele não se deleitou. Ele também encontrou revolução na América, de fato uma revolução surpreendentemente semelhante àquela a que tanto resistira em sua Rússia natal. É verdade que a União Soviética era comunista e os Estados Unidos eram capitalistas. Mas isso, para Solzhenitsyn, não era uma diferença tão importante quanto muitos pensavam. Em um discurso de formatura da Universidade de Harvard em 1978, ele contou aos Estados Unidos sobre essa revolução e explicou por que os Estados Unidos, como existiam, não podiam ser a esperança do mundo — ou mesmo uma autêntica derrota para o sistema soviético.

Solzhenitsyn argumentou que a única fonte que o Ocidente encontrou para guiar nossas vidas morais são declarações explícitas em nossos códigos legais. Isso é inevitável, é claro, por causa da maneira como imaginamos a pessoa humana. Se a pessoa humana é naturalmente solitária e autônoma, então as únicas coisas que guiam o nosso comportamento são as nossas próprias ambições e as normas e leis sinteticamente definidas que procuram impedir os piores excessos e abusos que vêm de pessoas entregues à sua ambição. A razão pela qual nossas vidas morais são guiadas pela letra da lei é porque isso é tudo o que a revolução dos séculos passados nos deixou, uma vez que destruiu a natureza e rejeitou Deus. Em nossos dias, esse problema teve tempo suficiente para se desenvolver, e agora achamos difícil distinguir entre o legal e o moral, e até mesmo entre o legal e o espiritual.

O efeito foi o esvaziamento da nossa vida espiritual, até mesmo o esvaziamento da nossa humanidade. O que restou da América, argumentou Solzhenitsyn, foi a casca da lei. A vida interior que a lei deveria proteger havia sido corroída pelo materialismo e pela riqueza. A lei ainda existia, mas havia caído em iatrogenia; havia se desconectado das questões reais de justiça, bondade e verdade. Agora, ela era apenas autorreferencial, e isso criou muitos problemas para a vida comunitária na América.

Quando a vida de um povo em comum só pode ser governada por regras, ela só pode ser direcionada para objetivos materialistas. O procedimento nada sabe do amor. Leis rígidas e inflexíveis nada sabem do relacionamento humano. Tudo o que o procedimento pode fazer é garantir comportamentos externos e medidas externas de riqueza e sucesso. Qualquer um que tenha crescido em uma igreja fundamentalista estrita pode se relacionar com isto: contanto que você siga as normas comportamentais da igreja, sua vida interior pode ser totalmente sem graça e sem Deus e ninguém terá a menor ideia. Eventualmente, porém, tal vida deixa de ser sustentável. E é aí que vem o colapso.

Nossa obsessão pelo material, disse Solzhenitsyn, deixa a alma humana atrofiada e o mundo natural desolado. Solzhenitsyn olhou para o Ocidente e viu um deserto espiritual. Ele reconheceu, de fato, que o Ocidente estava livre das formas explícitas de crueldade e tirania que dominavam sua nativa e amada Rússia. Mas ele não via o Ocidente como uma esperança para a Rússia ou qualquer outro lugar. O que ele viu foi uma sociedade espiritualmente enfraquecida que disfarçava sua enfermidade com uma “suavidade mecânica legalista”.[77] Mas essa suavidade estava apenas na superfície — e, ele avisou, a superfície era assustadoramente fina. A menos que o Ocidente aprendesse a olhar para os velhos hábitos, a reconhecer o lugar da criatura humana dentro de uma ordem transcendente, então ele também murcharia. “A alma humana anseia por coisas mais altas, mais quentes e mais puras do que as oferecidas pelos hábitos de vida de massa de hoje, introduzidos pela revoltante invasão da publicidade [e] entorpecimento da TV”, disse ele. Podemos apenas imaginar o que essa grande alma da Rússia do século 20 diria se pudesse ver o Twitter, o Instagram e os notíciários 24 horas.

O que ele propôs como caminho para atravessar a revolução? Devemos voltar nossos olhos para o céu, disse ele, não como um lugar a conquistar, como acreditavam seus compatriotas no programa espacial, mas como um lembrete de que a nossa vida existe como vapor no vento, a que se segue o julgamento.

Não conquistamos os céus; somos julgados por eles. E se falharmos em descobrir as fontes da saúde espiritual, não há mais nada para nós. Nossa vida espiritual continuará sendo pisoteada pelo peso de nossa era. E se ela for destruída, nenhuma quantidade de riqueza ou poder poderá compensar tal perda.

---

77 SOLZHENITSYN, Alexander. “A World Split Apart”. Discurso em 8 de junho de 1978. Universidade Harvard. Cambridge, MA. Disponível em: www.americanrhetoric.com/speeches/alexandersolzhenitsynharvard.htm. Acesso em: 08 jun. 2022.

CAPÍTULO

6

CONTRA A REVOLUÇÃO

Os primórdios da doutrina social cristã

OS PROBLEMAS COMEÇARAM com Toogaboochu. Isso, pelo menos, é o que meu colega de quarto e eu dissemos a nós mesmos enquanto passávamos dia após dia arrancando ervas daninhas na floresta que ficava entre as duas casas do L'Abri. O L'Abri é um centro residencial de estudo cristão onde alunos podem ir por algum período para trabalhar com a comunidade e estudar tópicos de seu interesse — não é exatamente uma comuna cristã, mas certamente se assemelha a uma em muitos aspectos. De qualquer forma, estávamos trabalhando juntos na floresta, arrancando uma erva odiosa chamada espinheiro, ou *rhamnus cathartica* (a semelhança com catártico é uma piada cruel). Essa espécie invasora pode crescer até seis metros de altura e ocupar enormes extensões de terra se não for controlada — e no L'Abri ela não foi controlada. Nosso tutor, Jock, às vezes trabalhava conosco, andando pela floresta com chinelos baratos, fluorescentes, de lojas de um dólar, carregando uma serra elétrica e atacando o espinheiro com prazer. Pobre daquele cujo trabalho era segui-lo com o herbicida usado para matar os tocos. (Leitor, eu era aquele pobre coitado.) A erva era originária da Europa e chegou a Minnesota como um material de cobertura popular. Mas, como muitas vezes acontece, as pessoas que trouxeram a erva não sabiam o que estavam fazendo, e logo Minnesota teve uma epidemia de espinheiro, sufocando as plantas nativas e a vida selvagem. E assim foi na pequena área arborizada entre as casas do L'Abri.

Essa é a história que o povo de Minnesota conta, de qualquer maneira. Meu colega de quarto e eu tínhamos uma diferente. A erva era tão desenfreada que pensamos que ela deveria ter alguma ajuda adicional para crescer. É aí que entra Toogaboochu. Imaginamos que havia um pequeno demônio da floresta chamado Toogaboochu que vivia na Floresta Buckthorn — nosso nome para a floresta entre as casas. Todas as noites, essa pequena criatura élfica se esgueirava pela floresta plantando mais espinheiros. Ele era enganosamente rápido e tinha um senso de humor perverso. Às vezes brincávamos que o víamos por entre as árvores ao pôr do sol, preparando-se para o trabalho noturno, provocando-nos de longe.

Nós odiávamos Toogaboochu. E todos os dias travávamos uma guerra contra ele, às vezes por conta própria, às vezes seguindo Jock e seus chinelos fluorescentes e a motosserra. Então, certa manhã, algumas semanas depois de nossa campanha, nos sentamos à mesa do café e vimos nuvens escuras e pesadas de chuva se aproximando. Como garotinhos ingenuamente esperando que papai lhes desse o dia de folga, ambos olhamos Jock cancelando a capina do espinheiro do dia. Ele sorriu para nós maliciosamente. (Jock e Toogaboochu compartilhavam o mesmo senso de humor.)

"Vocês não estão entendendo", ele nos disse. "Se o chão estiver molhado, as ervas daninhas vão subir ainda mais facilmente!" Ele nos deu um tapa nas costas enquanto o seguíamos para fora. Ele nos colocou para trabalhar e então, como um verdadeiro pai, entrou para fazer alguns trabalhos de escritório quando a chuva começou a cair. Algumas horas depois, estávamos gelados até os ossos. Mas as ervas daninhas cresceram ainda mais. Foi um bom dia de trabalho. Um banho quente e um almoço seriam muito bons.

Primeiro, porém, sendo uma casa do L'Abri, entramos para tomar chá. Assim que entramos, tiramos nossos sapatos e nossos casacos e caminhamos pela cozinha até a sala de estar. Um fogo estava aceso no fogão a lenha e o quarto estava quente. Alguns outros convidados já estavam lá, bem como alguns dos residentes permanentes. O álbum *Come Away with Me*, de Norah Jones, estava tocando no aparelho de som. Sentamos e nos serviram canecas quentes de chá da única forma aceitável no L'Abri — chá da marca PG Tips, duas colherinhas de açúcar e um pouco de leite.

Até hoje, o som daquela música, o crepitar suave de uma fogueira e o sabor de PG Tips me levam de volta àquela sala, àqueles amigos, naquele verão. O calor e o senso de pertencimento que me inundam na memória são tão reconfortantes que até me fazem perdoar Toogaboochu.

Se o cristianismo tem algo a dizer à sociedade revolucionária, as palavras devem, em última análise, falar de algo como essa memória. Se devemos ter algo a dizer aos nossos vizinhos não cristãos, muitos dos quais são cada vez mais propensos a ver os cristãos como hipócritas, então nossas palavras devem, em última análise, ser direcionadas para lugares como aquela sala de estar — não apenas para o conforto da hora do chá, por mais delicioso que seja, mas também para o trabalho feito contra nosso demônio imaginário da floresta, trabalho que era necessário para a saúde da floresta e da vida selvagem que a chamava de lar. Elas devem ser indicações, em suma, para a amada comunidade reunida em torno do bom trabalho.

Hoje em dia, o espinheiro foi muito reduzido e, na minha última visita ao L'Abri, fui recebido no topo do caminho por uma família de veados que se mudou para a Floresta Buckthorn. Tudo isso, o trabalho e o prazer, o humor e o labor, faz parte do pertencimento cristão. Se não podemos falar de pertencimento cristão e vida comum de maneira que sugere algo como esse tipo de vida, então, em última análise, não temos nada a dizer aos nossos vizinhos.

Por que essa visão de pertencimento cristão parece tão remota e impossível hoje? Já respondemos à pergunta em parte: a visão revolucionária da sociedade, que molda nosso mundo em tantos níveis, é hostil ao pertencimento, tornando a possibilidade de um "lar" cada vez menos real. A invenção da branquitude começou com a suposição de que o próximo e a terra poderiam ser reduzidos a objetos que não requerem certos tipos de respostas de outras pessoas. Da mesma forma, o industrialismo procedeu rompendo culturas e modos de vida que permitiram uma vida comunitária mais forte e formas mais densas de pertencimento, começando no lar. A Revolução Sexual dobrou tudo isso, continuando o trabalho de separar as coisas que pertencem umas às outras – nesse caso, separando o abraço sexual e o amor frutífero e fiel da aliança, reconfigurando o sexo como pouco mais do que uma forma especialmente intensa de prazer e, talvez, de construção de relacionamento. Em última análise, tudo isso leva ao clímax no colapso do deslumbramento e no triunfo das instituições, pois todos os nossos encontros com a realidade são filtrados pelos objetivos e pelas metas das instituições.

De todas essas maneiras, atacamos o que Jennings chama de "densidade ontológica" do mundo. Sem surpresa, como resultado, o mundo tem se sentido cada vez mais estranho para nós. Talvez seja por isso que achamos tão fácil abusar do mundo de forma tão flagrante nos últimos duzentos anos. Grande parte da nossa história recente no Ocidente é uma tentativa demorada de substituir o peso e o significado do amor, do enraizamento e da ação de vizinhança pela autocriação, autocompreensão e autorrealização.

Por outro lado, a vida em uma comunidade como L'Abri oferece uma imagem impressionante do que um lar pode ser. Um elemento disso é o espaço que L'Abri oferece para pessoas que precisam enfrentar questões difíceis ou trabalhar com experiências de vida traumáticas (ou apenas difíceis). Mas a razão pela qual L'Abri pode fazer esse trabalho profundo é muito mais simples do que esse trabalho em si. Minhas lembranças de L'Abri são principalmente o sabor do chá, o som da música, o crepitar do fogo e a presença de amigos, tudo em um espaço que parece o que você imagina que um lar deveria ser — seguro, informal, governado pelo amor em vez de uma necessidade inquieta de estar fazendo alguma coisa ou realizando algo por si mesmo.

No fundo, L'Abri trata de estender a oferta de hospitalidade. Trata-se de se colocar à disposição do próximo, o que, no caso deles, significa não apenas os vizinhos de porta, mas quem Deus traz à sua porta. Nesse sentido, a possibilidade de oferecer e receber o dom da pertença está embrulhada na simples vontade de se oferecer aos outros.

É nessa postura que podemos ver uma alternativa à ideologia da branquitude que se tornou tão característica de grande parte da vida ocidental hoje — não apenas na forma como informa as questões raciais, mas também em muitas outras áreas da vida. É nessa postura de abertura receptiva que podemos enxergar uma alternativa ao *eu centrado*, projetando sentido no mundo.

Enquanto o espírito revolucionário é definido por uma espécie de atividade insensata e atropeladora, a hospitalidade receptiva é definida por uma passividade inteligente e caridosa, não no sentido de estar inativo, mas no sentido de estar aberto para receber as necessidades dos outros. Enquanto as pessoas revolucionárias projetam significado no mundo — o que, na maioria das vezes, significa impor seus desejos ao mundo — uma postura cristã de acolhimento busca incorporar o conceito de "ressonância" de Harmut Rosa, pois vizinhos e lugares agem um sobre o outro, buscando um meio onde seu relacionamento se torne uma bênção para ambos.

INSTRUÇÕES SOBRE O AMOR CRISTÃO

Outra palavra para essa receptividade é *amor*, que, evidentemente, é aquilo para o qual Jesus nos chama nos Evangelhos.

É para amar que todos os cristãos são chamados — primeiro amor a Deus e depois amor ao próximo. O reformador do século 16 Martin Bucer é um modelo útil aqui por conta de quão profundamente preocupado ele estava com os cristãos vivendo de acordo com o chamado de Deus ao amor. Ele oferece uma imagem impressionante de como um testemunho cristão pode parecer quando desvinculado do espírito revolucionário que é tão fundamental para como muitos de nós abordamos o mundo.

Enquanto conquistadores católicos e teólogos da Espanha e de Portugal estavam no Novo Mundo, Bucer estava em sua cidade natal, Estrasburgo, fazendo algo radicalmente diferente. Durante todos os seus quase trinta anos de ministério na cidade, Bucer procurou criar uma sociedade cristã definida por um compromisso generalizado com a piedade simples que Cristo nos transmitiu quando resumiu toda a lei de Deus como amar a Deus e amar o próximo. Bucer achava que a abundância e a arrogância da igreja medieval tardia haviam feito com que a simplicidade da prática cristã se perdesse.

Nisso, Bucer era herdeiro de Erasmo de Roterdã, um homem que ele admirava, que certa vez satirizou a igreja medieval tardia ao imaginar um papa morrendo que, ao encontrar as portas do céu fechadas para ele, arregimentou o exército que havia liderado enquanto papa para atacar o próprio céu. Diante da chance de se arrepender, os líderes da igreja, em vez disso, duplicaram os erros do passado. Tal foi o declínio e a decadência da igreja medieval tardia. (O fato de a nossa era não ser a primeira com uma igreja tão corrupta pode ser uma boa fonte de encorajamento.) A Europa cristã, de acordo com Erasmo e Bucer, tornou-se indiferente aos pobres e às práticas comuns da virtude cristã. Acumulou mil práticas e normas diferentes que se preservaram, mas esqueceu coisas mais básicas, inclusive a lei do amor. Assim, Bucer procurou liderar a igreja em Estrasburgo em práticas definidas por doação mútua e um forte senso de pertencimento entre os cristãos, tudo provocado pelo compromisso de assumir o que ele chamou de "o jugo de Cristo".[78]

Do início ao fim de sua vida, Bucer ficou obcecado com o problema de como exatamente os cristãos podem dar e receber amor. Seu primeiro livro publicado chamava-se *Instructions in Christian love* [Instruções sobre o amor cristão], mas uma tradução mais literal do título original seria "Que ninguém deveria viver para si mesmo, mas para os outros". Até o título sugere a nítida diferença entre a visão de Bucer e a visão revolucionária. O revolucionário centrado em si reduz os outros a coisas. Mas o amor cristão, segundo Bucer, é definido por um esvaziamento de si no serviço aos outros, um ato que imita a humildade e o amor de Jesus como descritos pelo apóstolo Paulo em sua carta aos filipenses. Vale a pena dedicar um tempo para considerar o relato de amor de Bucer com certo detalhe por alguns motivos. Primeiro, é uma contraproposta impressionante contra o surgimento da branquitude, que estava acontecendo do outro lado do mundo nas Américas, quando Bucer pastoreava sua igreja e criava sua família em Estrasburgo. Em segundo lugar, é útil seguir o pensamento geral de um cristão maduro que se preocupa com o amor cristão de maneira abrangente e socialmente importante, como Bucer fazia.

O relato de Bucer sobre o amor cristão não é sentimentalismo ou um tipo de benevolência ingênua, como uma visão pré-moderna de retratação histórica. Em vez disso, ele fundamenta o amor cristão em seu relato do amor de Deus sendo derramado em todas as áreas da vida — a própria terra incluída, o que é significativo se buscamos em Bucer uma visão alternativa da maturidade cristã para contrastar com a visão da sociedade revolucionária.

No início de seu relato do amor cristão, Bucer direciona nossos olhos para a terra, para os animais e para o mundo natural.

78 BURNETT, Amy Nelson. *The Yoke of Christ*. Ann Arbor, MI: Truman State University Press, 1994.

Ele considera como a própria natureza é definida pela generosidade — muito longe da visão mais brutal da natureza que muitos de nós conhecemos:

> O céu se move e brilha não para si mesmo, mas para todas as outras criaturas. Da mesma forma, a terra não produz para si mesma, mas para todas as outras coisas relacionadas. [...] Todas as plantas e todos os animais, pelo que são, têm, podem e realmente fazem são direcionados para a utilidade e a prestatividade para com outras criaturas e especialmente para com o homem.[79]

Bucer reconhece que o mundo é marcado por uma ordem divinamente estabelecida, definida pela paz, pela generosidade e pelo amor — e que os seres humanos devem entrar nessa ordem com o mesmo prazer que as plantas e os animais. Quando vivemos de acordo com a lei do amor, estamos fazendo o que é natural para nós como seres humanos.

Nunca somos mais naturais do que quando amamos. Por que isso soa tão estranho para nós, então? Por que nossos encontros com o mundo e com nossos vizinhos são tantas vezes definidos pela dor e pela luta? Por que encontramos o mundo como, nas palavras de Rosa, "um ponto de agressão"? Bucer diz que isso ocorre porque o egoísmo humano inverte a ordem natural das coisas. Quando escolhemos viver para nós mesmos, centrados em nós mesmos, nos colocamos em desacordo não apenas com a ordem natural do mundo, mas — o mais importante— com o Deus que criou essa ordem.

> Com a perda do conhecimento de Deus, perdemos também o conhecimento das criaturas. Como não desejamos mais viver para servir a Deus, suas criaturas foram justamente retiradas do nosso serviço. Se ignorarmos o

79 BUCER, Martin. *Instructions in Christian Love*. Eugene, OR: Wipf & Stock, p. 22.

> Criador, é justo que sejamos privados também do que é criado. Seguimos Satanás e desprezamos a Deus. Por isso, toda a nossa mente foi pervertida a ponto de não poder mais ser útil a ninguém. Em vez disso, tornou-se tão universalmente prejudicial que merecemos para nós mesmos a condenação eterna. Assim, toda a criação, que deveria ter sido usada apenas para o louvor e glória de seu Criador — e para a preservação e proveito dos homens — foi desonrada, profanada e depravada por nosso mau uso diabólico e egoísta.[80]

O egoísmo da humanidade e o sofrimento do mundo estão intimamente ligados. Bucer não ficaria surpreso com o fato de que várias centenas de anos de pensamento revolucionário nos colocaram em um caminho que torna a própria Terra menos propícia à vida humana.

Se o próprio testemunho do mundo fosse tudo o que precisávamos para entender o amor, não precisaríamos de Jesus ou das Escrituras. Mas, é claro, a maldição do pecado aflige o mundo e obscurece nossa visão. Bucer, então, considera a questão de como as pessoas que encontraram Jesus devem viver em contraste com o egoísmo e o abuso da criação e das criaturas que definem os seres humanos perdidos. Aqui ele procura ser prático e considera as necessidades particulares da pessoa humana e quais formas de trabalho nos permitem atender melhor a essas necessidades quando as encontramos em nosso próximo.

Primeiro, ele sugere que, como a maior necessidade da humanidade é a renovação espiritual e o restabelecimento de nosso relacionamento com Deus, a forma mais elevada de amor ao próximo é pregar o evangelho para outras pessoas e chamar nosso próximo ao arrependimento. A proclamação do evangelho ao nosso próximo é a forma mais elevada de trabalho que podemos fazer. Isso inclui o ministério pastoral, mas não se limita a ele.

80 Ibid., p. 27.

Na verdade, Bucer tinha um pouco de medo do ministério na igreja precisamente por causa de quão corrupta ela havia se tornado. Ele acreditava que o ministério de evangelização e discipulado é para todos os cristãos. Em segundo lugar, continua, o trabalho da autoridade civil é o mais elevado, pois o governo garante a paz de uma comunidade e a ajuda a buscar seu bem comum.

Depois da igreja e do governo, que formas de vida são mais direcionadas ao amor ao próximo e à vida pacífica? Bucer nos ajuda a ver a difusão do chamado ao amor cristão e quão completamente esse chamado está em desacordo com a visão revolucionária que estava sendo estabelecida nas Américas no exato momento em que ele escrevia essas palavras.

> As profissões mais cristãs [...] são a agricultura, a pecuária e as ocupações a elas relacionadas. Essas profissões são as mais lucrativas para o próximo e causam menos problemas. Todo homem deve encorajar seu filho a ingressar nessas profissões porque as crianças devem ser incentivadas a ingressar na melhor profissão, e a melhor profissão é aquela que traz mais lucro para o próximo.[81]

Assim, a terra é central para a visão de amor cristão de Bucer. Para ele, a profissão mais cristã é cuidar da terra e dos animais e produzir alimentos para o nosso próximo. Mesmo em sua ideia de "profissões cristãs", a visão de Bucer consiste em um movimento para fora do eu, afastando-se dos interesses privados e indo em direção à sustentação e ao crescimento da vida do mundo. Que profissão, pergunta Bucer, poderia ser mais cristã do que aquela que fornece comida para os outros e cuida da nossa casa comum? Mas ele não para por aí:

> [Muitos] homens desejam que seus filhos se tornem empresários sempre com a ideia de que enriqueceriam sem

81 Ibid., p. 39

> trabalhar, contra o mandamento de Deus, e com a ideia de que buscarão o próprio lucro explorando e arruinando os outros, contra a ordem divina e todo o espírito cristão. Incentivar os jovens a entrar nessa estrada os leva à morte eterna, enquanto o caminho para a vida eterna é somente por meio do cumprimento dos mandamentos divinos.[82]

Boa parte do discipulado cristão nas igrejas americanas tem sido baseada na suposição de que, seja qual for a aparência do discipulado, não será algo que perturbe os negócios e a vida financeira do Ocidente. Qualquer que seja a aparência do discipulado, não pode ser algo que perturbe uma existência confortável e privatizada, cheia de diversões e *hobbies* pessoais. Qualquer que seja a aparência do discipulado, não pode ser algo que nos custe a paz pessoal e a riqueza que assumimos ser nosso direito inato como ocidentais.

Bucer nos adverte contra isso e nos lembra que toda a vida é governada por Deus, e que tudo que fazemos, cada tarefa que nosso trabalho exige de nós, é feito diante da face de Deus. Se o senhorio de Cristo se mostrar perturbador para a nossa cultura, então o que se deve ceder não é o chamado ao discipulado cristão, mas nossos estilos de vida e as normas de nossa cultura. Todas essas coisas devem ser transformadas para melhor se alinharem com os ensinamentos de Jesus.

Como podemos adotar esse estilo de vida de reciprocidade e amor alegre e sacrificial? Bucer responde a essa pergunta na segunda metade de seu tratado. Fazemos isso, diz ele, por meio da fé: "[As pessoas devem] crer em Cristo, confiar plenamente que por seu sangue Cristo os colocou novamente na filiação e graça do Pai e que, consequentemente, por seu Espírito, Cristo também os refez de acordo com a ordem mundial mais primitiva, isto é, útil a muitos e compreendendo todas as criaturas".[83]

Para Bucer, a fé é sinônimo da certeza de ser amado, e essa

---

82 Ibid., p. 40.

83 Ibid., p. 42.

certeza é sinônimo de ser compelido a dar amor aos outros. Bucer entendeu que nossa capacidade de dar amor depende de termos sido ou não amados. Por meio do evangelho, sabemos que recebemos amor e assim a vida de amor se torna disponível para nós. A visão de Bucer do discipulado cristão é fundamentada em um reconhecimento sóbrio de nossa própria fragilidade e incapacidade de dar amor à parte da oferta de ajuda externa. Nossa condição, tão agravada pelo pecado, tornou-se desesperadora, e é somente a fé que pode nos salvar. Outra cristã alemã, a mártir do século 20 Sophie Scholl, descreve bem essa realidade em uma carta que escreveu a um amigo próximo dias antes de seu martírio: "Somos crianças pobres, fracas e pecadoras. [...] Por mais diabinhos que corram dentro de mim, vou me agarrar à corda que Deus me jogou em Jesus Cristo, mesmo que minhas mãos entorpecidas não possam mais senti-la".[84]

Assim, Bucer finalmente nos chama de volta à visão que já vimos no capítulo um: os recursos necessários para uma vida de amor são eles próprios extraídos do amor eterno e imutável de Deus — a alegria que ele leva na própria existência e o convite que ele faz à criação para compartilhar dessa alegria. Em todas essas coisas, a visão da vida cristã comum e do pertencimento que nos é oferecido no tratado de Bucer é a antítese da sociedade revolucionária e, infelizmente, de muitas expressões do cristianismo nos Estados Unidos, que procuraram batizar o próprio tipo de crenças e práticas exploradoras que Bucer condena tão estridentemente, e que invertem os modos corretos pelos quais a vida e os bens devem se mover no mundo de Deus.

Ao concluirmos nossa leitura de Bucer, entretanto, nos deparamos com um problema. As comunidades e os rituais que Bucer via como centrais para a troca do amor cristão não ficaram

---

84 Citada por Susannah Black. "Sealed in Blood: Aristopopulism and the City of Man". *Mere Orthodoxy*. 19 de março de 2019. Disponível em: https://mereorthodoxy.com/sealed-in-blood-aristopopulism-and-the-city-of-man/. Acesso em: 09 jun. 2022.

ociosos em uma caixa selada e segura que podemos pegar, abrir e experimentar por nós mesmos, imaculados e inalterados. O mundo mudou desde Bucer, e agora nos encontramos do outro lado das transformações revolucionárias que a sua visão de vida poderia ter ajudado a evitar.

Infelizmente, o projeto específico de Bucer falhou em sua própria vida. Em 1549, a cidade de Estrasburgo, lar de Bucer desde 1523, voltou ao catolicismo romano como parte de um tratado de paz no final da Primeira Guerra de Esmalcada. Bucer foi banido de sua casa e acabou se estabelecendo na Inglaterra. Lá viveu por três anos, de maneira geral infeliz, uma vez que ficou boa parte do tempo afastado de sua família, que permaneceu na Alemanha por certo período depois da sua partida. Ele detestava profundamente tanto a comida quanto o clima inglês. Morreria em 1551, tendo trabalhado pouco em seu ministério nos últimos anos e sabendo que o trabalho de sua vida em Estrasburgo já estava sendo desfeito. Seis anos depois, por ordem da rainha Maria I, seus restos mortais foram desenterrados e queimados, e suas cinzas foram espalhadas no rio Tâmisa. Assim, o legado de Bucer seria silenciado e suprimido mesmo enquanto seus filhos ainda estivessem vivos. Não existe um mundo de Bucer onde podemos adentrar hoje.

É muito bom, então, aprender com o exemplo de Bucer, especialmente porque ele estava sendo articulado ao mesmo tempo em que a branquitude estava sendo inventada nas Américas. No entanto, não podemos simplesmente adotá-lo para nós mesmos devido à enorme distância que o tempo abriu entre o nosso mundo e o dele. É verdade que podemos aprender com seu exemplo, mas Bucer estava vivendo em um mundo que já era cristão em alguns aspectos. Grande parte de nós, não. Portanto, não podemos simplesmente reapropriar um passado perdido nos retirando do mundo moderno. A era revolucionária em que nos encontramos só pode ser superada. Mas como nós fazemos isso? Para responder a essa pergunta, devemos considerar a obra e o pensamento de outros cristãos que viveram muito depois de Bucer.

ORTODOXO, MAS MODERNO

No início dos anos 1900, muito do trabalho transformador da modernidade estava concluído. A reforma política varreu a Europa, para o bem ou para o mal. Nossa relação com a terra e com o nosso trabalho foi irrevogavelmente alterada tanto pelo colonialismo quanto pelo industrialismo. Isso, por sua vez, transformou a casa, que com o tempo transformaria nossa relação com a sexualidade, com nossos corpos e com a família. Tudo isso já estava, até cem anos atrás, começando a causar estragos na vida comum. Como já vimos, o calvinista holandês Herman Bavinck resumiu bem o problema, dizendo que: "O que nos impressiona na era moderna é a discórdia interna que consome o eu e a pressa inquieta que o impulsiona. [...] Há uma desarmonia entre nosso pensar e nosso sentir, entre nosso querer e nosso agir. Há uma discórdia entre religião e cultura, entre ciência e vida".[85] É um comentário notavelmente presciente para um livro escrito no início dos anos 1900. A questão que enfrenta a igreja ocidental, então, é o que faríamos em tal mundo. Fazemos agora a mesma pergunta que nossos pais e mães na fé fizeram em seus dias: "Como podemos cantar a canção do Senhor em uma terra estrangeira?". Ou, como Jennings coloca: "Quem seremos neste estranho novo lugar?".

Em seu livro *To change the world* [Para mudar o mundo], o sociólogo James Davison Hunter sugere que, em última análise, existem quatro posturas que os cristãos adotaram em resposta às mudanças trazidas pelo modernismo: defensiva contra, relevante para, separada de e presença fiel.[86] A primeira postura, "defensiva contra", é geralmente conservadora, favorecida nos últimos anos por cristãos que veem o mundo moderno como

85 BAVINCK, Herman; SUTANTO, Nathaniel Gray et al. (Org.) *The Christian Worldview*. Wheaton: Crossway, 2019, p. 22.

86 HUNTER, James Davison. *To Change the World*. Nova York: Oxford University Press, 2010, p. 213.

inextricavelmente ameaçador à fidelidade cristã, de modo que a única postura que podemos tomar é defender o cristianismo contra a barbárie da vida moderna. Essa postura é, em grande parte, o que justificou o apoio ao ex-presidente Trump durante as eleições de 2016 e 2020. É a postura dos guerreiros culturais e da direita religiosa. De forma significativa, essa resposta à modernidade é profundamente moderna em si mesma. O mundo que os defensores desejam preservar é quase sempre o mundo que existia apenas uma ou duas gerações atrás. E, como qualquer observador recente das notícias bem sabe, os cristãos conservadores brancos estão entre as pessoas mais propensas a responder com indiferença à injustiça racial e, às vezes, até a apoiar as instituições e normas que prejudicam pessoas de outras etnias.

Essa resposta, então, é insuficiente para a tarefa diante de nós e é comprometida por uma falha em considerar as fontes do nosso mal-estar moderno, que não é relativismo moral, pós-modernismo ou teoria crítica racial, para citar apenas três dos recentes bichos-papões tão temidos pelos guerreiros culturais. A indiferença de nossa sociedade à família e à fé está fundamentada em uma indiferença mais antiga à geografia e ao lugar, uma indiferença que, de fato, tem suas raízes no racismo ocidental.

Uma postura "relevante para" é o paralelo progressivo adotado por muitos da esquerda cristã, como a pastora luterana Nadia Bolz-Weber. Para esses cristãos, a natureza da relação entre cristianismo e modernidade não é tanto o cristianismo contra a modernidade, mas o cristianismo temperando a modernidade. Pornô é ruim, mas, pegando emprestado um conceito de Bolz-Weber, você já experimentou pornografia de origem ética?[87]

O cristianismo é visto como um sistema religioso entre muitos com verdades a nos oferecer à medida que buscamos viver melhor. Mas seria errado absolutizar suas reivindicações, como

87 WALSH, Johnny. "Nadia Bolz-Weber Does Ministry Differently". *Out in Jersey*. 21 de outubro de 2018. Disponível em: https://outinjersey.net/nadia-bolz-weber-does-ministry-differently/. Acesso em: 08 jun. 2022.

se as reivindicações da revelação cristã devessem superar as de outros sistemas de crenças ou religiões. Para os cristãos "relevantes para", a história do cristianismo e da modernidade é uma tentativa de discernir como o cristianismo pode tornar as pessoas modernas melhores. Essa tentativa, porém, tem pouca capacidade de criticar a modernidade em seus próprios termos.

Contra ambos, Hunter descreve a postura favorecida pelos anabatistas radicais, que ele rotula de "separada de". A escola "separada de" é representada de forma mais popular por Stanley Hauerwas, mas tem muitos adeptos hoje, incluindo o ativista Shane Claiborne e comunidades anabatistas radicais, como as comunidades Bruderhof.

Para esses cristãos, há um conflito decisivo entre o cristianismo e a modernidade, mas o perigo principal não é tanto que a modernidade seja diretamente antagônica à fé, mas sim que ela tende a ser corrosiva para a fidelidade cristã ao longo do tempo. O que diz respeito aos "separados de" é menos os problemas clássicos da guerra cultural, como orar em escolas públicas ou o progressismo sexual, e mais as maneiras pelas quais a modernidade é, de fato, bastante confortável, até mesmo sedutora, e pode facilmente nos afastar de uma séria vida de discipulado cristão.

As falhas de cada uma dessas três respostas se manifestam de maneiras diferentes. Os cristãos "defensivos contra" e os "relevantes para" lutam para criar comunidades cristãs genuinamente alternativas porque ambos se tornaram tão modernos — de maneiras diferentes — que não são capazes de desafiar os pecados capitais da modernidade. Os cristãos "separados de", enquanto isso, muitas vezes nos fornecem uma crítica muito mais abrangente das falhas da nossa era, contudo, porque vivem fora dessa era de muitas maneiras, eles efetivamente tornam as ideias e práticas cristãs menos acessíveis às massas porque a maioria das pessoas nunca terá acesso regular a uma comunidade cristã como a Bruderhof.

Em última análise, o interessante sobre essas falhas é que elas compartilham uma raiz comum. Todas são insuficientemente católicas — ou "universais". Bavinck sugere que uma maneira pela qual a igreja cristã é católica é que ela "abrange toda a experiência humana".[88] Um testemunho cristão que batiza a modernidade, seja ela conservadora ou liberal, ou que se retire totalmente dela é, neste relato, um fracasso da catolicidade porque cada abordagem está falhando em abordar todas as áreas da vida de acordo com as verdades manifestas na revelação cristã. Ao descrever o cristianismo católico dessa maneira, Bavinck está trabalhando a partir do pensamento mais antigo do pai da igreja do século 4, Cirilo de Jerusalém, que escreveu que "[a igreja] é chamada de católica também porque traz à obediência religiosa todo tipo de homem, governantes e governados, instruídos e símplices".[89] Essa não é uma aplicação comum da ideia de catolicidade, mas uma aplicação com raízes na história da igreja que faríamos bem em retomar. Essa compreensão da catolicidade nos aponta para a quarta resposta proposta de Hunter sobre como os cristãos devem encontrar o mundo moderno: "presença fiel".

A PRESENÇA FIEL NA PRÁTICA

A presença fiel rejeita cada uma das três visões anteriores. Ela vê as comunidades cristãs como sempre tendo práticas internas robustas casadas com uma energia evangelística que está sempre irradiando para fora. Um amigo certa vez observou que os cristãos americanos sabem o que fazer quando têm poder e o que fazer quando não o têm. O que não sabemos é como compartilhar o poder. A resposta da presença fiel procura proporcionar tal visão.

---

88 BAVINCK, Herman. "The Catholicity of Christianity and the Church". Disponível em: https://bavinck.les.wordpress.com/2017/05/bavinck-catholicity.pdf, 221. Acesso em: 08 jun. 2022.

89 Ibid., n. 3.

Por sua própria natureza, a presença fiel exclui certas coisas. Isso exclui a postura reacionária dos guerreiros culturais, que muitas vezes estão simplesmente guerreando contra tendências que estão uma geração mais abaixo do que eles próprios no ralo moderno. Eles falham de maneira consistente em apresentar alternativas cristãs à visão do nosso mundo de aceleração constante. Mas a presença fiel também não significa capitulação ao modernismo, ao contrário dos "relevantes para", que apresentam o cristianismo como uma espécie de aditivo para ajudar a conter os piores excessos da modernidade. Presença fiel não significa concessão; não significa acomodar a maldade. Presença fiel significa presença real. Não podemos nos retirar da sociedade para preservar a pureza da nossa fé. Vivemos em bairros e trabalhamos em instituições ao lado de colegas não cristãos. Participamos da vida de nossas cidades, nossos estados e nossas nações. Certamente, fazemos tudo isso como cristãos — e pode chegar um momento em que não somos bem-vindos. Eu mesmo fui demitido de um trabalho *freelance* por causa de minhas crenças cristãs.

Mas há uma grande diferença entre ser expulso de uma comunidade da qual se deseja fazer parte e optar por retirar-se preventivamente. Este último exclui a possibilidade de persuasão, transformação, renovação. O primeiro, em contraste, aceita a possibilidade de perda, conflito e celeuma como inerentes ao chamado para seguir a Jesus. E, no entanto, permanece sempre a esperança de que a ressurreição inesperada seja possível, que Deus continue operando e que chame seu povo para viver entre seus vizinhos, no meio de sua cidade, cooperando para seu bem e até sua glória.

CAPÍTULO

7

A TERRA É NOSSA MÃE

Sobre cristianismo, terra e animais

EM 2007, JOHANNES Meier — um agricultor e membro da comunidade Danthonia Bruderhof em New South Wales, Austrália — assistiu com desânimo a um pequeno riacho que corria pela propriedade da comunidade secar. Meier narrou a cena em uma entrevista sobre o trabalho agrícola da comunidade, descrevendo poças de água cheias de algas e de peixes mortos. Não havia um fluxo de água sequer. O córrego estava seco. Dois anos depois, o riacho secou novamente. Mas algo estranho aconteceu dessa vez: quando o leito do riacho foi exposto, não havia peixes para serem encontrados. Foi quando Meier soube que algo precisava ser feito. Então, sua comunidade começou o trabalho de descobrir onde eles tinham errado.

A resposta não será muito surpreendente se você seguiu nosso argumento até aqui: o problema começou com as práticas agrícolas dos europeus brancos que se estabeleceram na Austrália no século 19. Como grande parte da Austrália é naturalmente mais seca do que a Europa, desenvolveram-se lá plantas capazes de armazenar grandes quantidades de água, o que se mostrou útil quando a seca chegou, e a água se tornou um prêmio. Os juncos que enchem as várzeas australianas podem ter até 3 metros de altura aproximadamente, e as próprias várzeas podem ter até 40 quilômetros de largura. Para os europeus, tudo isso parecia um pântano improdutivo que precisava ser drenado para dar espaço para animais de pasto e monoculturas. E foi isso que eles fizeram. Logo, a paisagem começou a mudar à medida que a água que havia sido retida por essas várzeas e sustentado a terra durante as estações secas havia desaparecido. Meier explica:

> Em menos de dez gerações, a Austrália viu a erosão e a desertificação maciças causadas pela destruição de áreas ribeirinhas funcionais e por práticas agrícolas que desconsideram a capacidade natural da paisagem de reter a água e manter os sais separados. Hoje, estamos cultivando no subsolo, não no solo superficial. A diversidade natural das plantas e dos animais é uma sombra do que era. Com poucas plantas para ajudar a armazenar água no terreno, retardar seu movimento, espalhar a fertilidade pelas planícies inundadas e controlar os sais, quando a chuva chega, ela corre para o mar, carregando toneladas incontáveis de solo precioso.[90]

Antes da chegada dos europeus, a agricultura australiana desenvolveu suas próprias práticas distintas, todas voltadas para o trabalho com a paisagem natural e para fornecer mais ajuda na conservação da água. Quando os europeus chegaram, não tiveram tempo para entender os métodos agrícolas dos povos indígenas. Eles simplesmente tomaram a terra e a colocaram para trabalhar para si mesmos da mesma forma que teriam feito na Europa. Mas aquela terra era diferente, e as consequências

---

90 MEIER, Johannes. "Beating the Big Dry". *Plough Quarterly*. 6 de maio de 2019. Disponível em: www.plough.com/en/topics/justice/environment/beating-the-big-dry. Acesso em: 09 jun. 2022.

de sua incapacidade de entender esse ponto foram severas. Isso, porém, não precisa ser assim.

A TERRA COMO NOSSA MÃE?

Hannah Arendt sugeriu que a era moderna começou com a rejeição de Deus como Pai e culminou com a corrida espacial, que ela viu como uma rejeição da Terra como nossa mãe.

Para muitos cristãos contemporâneos, há algo desconfortável na imagem da Terra como nossa mãe. Ela não sugere uma equivalência entre Deus e a Terra, como se a divisão entre Criador e criação tivesse desmoronado e a Terra tivesse sido elevada a um *status* divino? Para o cristão, tal visão é claramente errada. Somente Deus é a origem da vida e é exaltado e distinto de sua ordem criada. Portanto, não pode haver sugestão de uma equivalência entre Deus e sua criação.

Mas não precisamos considerar as expressões *Mãe Terra* ou *Mãe Natureza* dessa maneira. Embora nunca devamos confundir a distinção entre Deus e suas obras, há algo de maternal na maneira como nos relacionamos com a Terra — o que o papa Francisco chama de "nossa casa comum".[91] Descrever a Terra como nossa mãe pode ser uma forma de apontar nossa dívida para com a Terra, uma maneira de tornar mais tangíveis e concretas as formas particulares de nutrição que fluem para nós a partir do mundo.

Na verdade, há algum precedente na história da igreja para falar sobre a Terra exatamente dessa maneira. Escondido no livro de Jó há um versículo estranho que é fácil de deixar passar se não prestarmos atenção. Ele fica perto do final do capítulo 1, depois que Jó recebeu a notícia de um servo após outro de que todos os seus bens e até mesmo os seus próprios filhos foram

91 Papa Francisco. "Laudato Si". 24 de maio de 2015. Disponível em: www.vatican.va/content/francesco/en/encyclicals/documents/papa-francesco_20150524_enciclica-laudato-si.html. Acesso em: 09 jun. 2022.

tirados dele. Jó lamenta sua perda e conclui dizendo: "Eu saí nu do ventre de minha mãe, e nu voltarei para lá. O SENHOR o deu, e o SENHOR o tirou; bendito seja o nome do SENHOR" (Jó 1.21).

Durante grande parte da minha vida, quando li esse versículo, pensei que Jó estava simplesmente reconhecendo que não trazemos nenhuma riqueza ou poder conosco ao mundo quando nascemos, nem podemos levar qualquer riqueza e poder que ganhamos durante nossa vida conosco quando morremos. Mas não é exatamente isso o que ele diz. Jó afirma que veio de sua mãe nu – isso é bastante óbvio, pensamos – "e nu voltarei". Então, quem é a "mãe" em que Jó está pensando quando diz isso? Não pode ser sua mãe biológica porque ele não voltará para ela quando morrer. O teólogo e pastor americano Jonathan Edwards tem a resposta. Edwards sugere que a Terra é "a mãe comum da humanidade". A "mãe", a que Jó se refere, diz Edwards, são "as entranhas de sua mãe Terra, das quais todo homem é feito". Deus é nosso Pai, diz Edwards, e a Terra é nossa mãe.[92]

Assim, a própria Escritura nos ensina a considerar a Terra como nossa mãe no sentido particular de que dependemos dela para nos nutrir e que em nossa própria constituição física somos feitos de seu "corpo". Edwards não é o único pensador notável na história da igreja a falar da Terra dessa maneira. Mais recentemente, João Paulo II usou linguagem semelhante:

> Uma vez que todas as referências a Deus tenham sido removidas, não é surpreendente que o significado de tudo o mais se torne profundamente distorcido. A própria natureza, outrora "*mater*" (mãe), agora é reduzida a ser "matéria", e está sujeita a todo tipo de manipulação. Essa é a direção para a qual um certo pensamento técnico e científico, predominante na cultura atual, parece estar

92 EDWARDS, Jonathan. "The Nakedness of Job" em *The Works of Jonathan Edwards*, vol. 10 (New Haven, CT: Yale University Press), p. 406. Disponível em: www.edwards.yale.edu. Acesso em: 09 jun. 2022.

> conduzindo [...]. Vivendo "como se Deus não existisse", o homem não só perde de vista o mistério de Deus, mas também o mistério do mundo e do seu próprio ser.[93]

Não só João Paulo II concorda com Edwards que é legítimo que os cristãos se refiram à Terra como mãe, mas também defende o ponto de Arendt, de que nosso senso do mistério de Deus e de seu mundo tem, juntos, seu declínio e queda. Assim, uma alternativa cristã à sociedade revolucionária deve começar com uma concepção cristã reimaginada da Terra, nossa casa comum. Ao articular e viver essa compreensão diferente do mundo — baseada em uma espécie de piedade filial que devemos à nossa mãe —, os cristãos podem apresentar uma visão diferente da relação da humanidade com o planeta.

Existem três chaves para recuperar essa compreensão alternativa do nosso relacionamento com a Terra: em primeiro lugar, devemos aprender a ver a Terra como uma criatura viva que faz reivindicações morais verdadeiras sobre nós. Em segundo lugar, devemos desenvolver uma disposição para permitir que as realidades da criação perturbem nossa ambição. Em terceiro lugar, precisamos desenvolver uma ética de utilização gentil em nosso relacionamento com a Terra, que enxergue a saúde e o crescimento da Terra como uma consideração inegociável quando cultivamos, construímos e assim por diante.

RECUPERANDO NOSSO RELACIONAMENTO COM A TERRA

Em uma das cenas mais famosas de suas *Crônicas de Nárnia*, C. S. Lewis imagina os irmãos Pevensie e os castores caminhando para encontrar Aslam na mesa de pedra enquanto a primavera

93 Papa João Paulo II. "Evangelium Vitae". 25 de março de 1995. Disponível em: www.vatican.va/content/john-paul-ii/en/encyclicals/documents/hf_jp-ii_enc_25031995_evangelium-vitae.html. Acesso em: 09 jun. 2022.

finalmente chega em Nárnia. As crianças estão encantadas, para não falar dos animais que estão há muito mais tempo sem desfrutar dessa estação. Todos se deleitam com o som da neve derretida pingando no chão dos galhos das árvores, com a visão das flores ganhando vida e com o canto dos pássaros ecoando pela floresta. Esse é um dos primeiros sinais na história de que as coisas vão dar certo no final, que a Feiticeira Branca e seu inverno eterno não terão a palavra final. A primavera traz esperança.

Mas há algo que pode facilmente passar despercebido por nós enquanto lemos. Observe quantas plantas e quantos pássaros as crianças são capazes de identificar. Grande parte do prazer que Lewis transmite nessa passagem só funciona porque as crianças conseguem identificar com sucesso sinos azuis, tordos, plantas e outros elementos da vida selvagem.[94]

A maioria dos americanos hoje, inclusive eu, não se sairia tão bem nesse cenário. Nossa incapacidade de nomear plantas e animais — uma espécie de analfabetismo botânico e animal — é um problema comum hoje para as pessoas criadas nas cidades, que são mais observadoras de telas do que do mundo natural ao nosso redor.

No entanto, não é necessário ser assim. Vários anos atrás, visitei outra comunidade Bruderhof, no interior de Nova York. Tive a oportunidade de visitar a escola deles. Era início da primavera e, como parte de seu trabalho, os alunos estavam rastreando quantas espécies únicas de pássaros locais eles conseguiam identificar em sua comunidade. Quando cheguei, a lista, que estava pendurada em um dos corredores da escola, se estendia quase até o chão, com mais de sessenta espécies incluídas. A comunidade via a recreação como uma das coisas mais importantes que as crianças fazem, e também acreditavam que grande

94 LEWIS, C. S. *The Lion, the Witch, and the Wardrobe*. Nova York: Harper Collins, 2005, p. 123 [Edição em português: *As crônicas de Nárnia:* O leão, a feiticeira e o guarda-roupa. São Paulo: WMF Martins Fontes, 2014].

parte de suas brincadeiras deveria ser ao ar livre. E assim, porque essas eram as normas da comunidade e porque muitos pais da comunidade também cresceram lá, os alunos da escola tinham um conhecimento notavelmente amplo das plantas e dos animais selvagens locais.

Esse tipo de conhecimento é o início de uma relação mais saudável com o mundo natural. Antes que possamos estar mais à vontade no mundo (e antes que possamos começar a lidar com as crises iminentes à nossa frente), devemos — em primeiro lugar — aprender a olhar e nomear o mundo. De fato, dar nomes à criação é uma das primeiras coisas que os seres humanos fazem no relato da criação de Gênesis. A questão não é ver o mundo passivamente, como vemos uma TV, mas olhar para ele ativamente, com intencionalidade e conhecimento. Isso requer paciência, bem como o compromisso de desacelerar nossas vidas o suficiente para tornar essa aparência possível.

Mas as recompensas por esse simples ato são significativas. O saudoso Clyde Kilby, que foi professor de inglês no Wheaton College, mantinha uma lista de resoluções que observava para o bem de sua saúde mental. A lista incluía: "Uma vez por dia devo simplesmente olhar para uma árvore, uma flor, uma nuvem ou uma pessoa. Eu não estarei preocupado em perguntar o que elas são, mas simplesmente ficarei feliz por elas existirem".[95] É esse tipo de prazer ao olhar para o mundo que devemos recuperar.

Pode parecer algo pequeno demais para a escala do problema diante de nós. E, de fato, se isso é tudo o que muda, então seria muito pequeno. Mas aprender a enxergar dessa maneira é apenas o primeiro passo para uma consideração e um relacionamento mais saudáveis com a Terra, porque essa não tem sido a forma primária que a maioria de nós olha para ela.

---

95 PIPER, John. "Clyde Kilby's Resolutions for Mental Health and for Staying Alive to God in Nature", *Desiring God.* 27 de agosto de 1990. Disponível em: www.desiringgod.org/articles/clyde-kilbys-resolutions-for-mental-health-and-for-staying-alive-to-god-in-nature. Acesso em: 09 jun. 2022.

Como observa João Paulo II, a maioria das pessoas hoje vê o mundo como uma espécie de massa de recursos gerados organicamente, que existem para nosso consumo. Essa é a visão que Pedro de León teve do Peru, e é a visão que aprendemos a seguir desde então. O mundo é uma espécie de armazém de mercadorias para uso da humanidade. Essa abordagem reduz o planeta a uma espécie de coisa, como Weil alertou — um objeto sem voz e, de fato, sem vida.

Essas suposições geralmente aparecem na maneira como os ativistas climáticos nos chamam a fazer mudanças em nosso comportamento para ajudar a mitigar os danos que provavelmente serão causados por um clima em transformação. Dizem-nos que, se não mudarmos a forma como usamos o planeta, nossa vida será substancialmente mais difícil no futuro. Isso é verdade, evidentemente, mas não atinge a raiz do problema, pois sugere que nossos problemas ecológicos podem ser resolvidos principalmente por meio de técnicas avançadas — veículos mais eficientes em termos energéticos, por exemplo, ou um maior uso de energia verde, fontes de energia renováveis e menor dependência de combustíveis fósseis. Evidentemente, esses seriam grandes ganhos, mas não atacariam o problema principal diante de nós.

O principal problema com a nossa postura em relação à Terra hoje não é técnico, mas imaginativo. Papa Francisco explica bem a questão, citando o trabalho do patriarca ortodoxo oriental, Bartolomeu I, que "nos pede para substituir o consumo pelo sacrifício, a ganância pela generosidade, o desperdício pelo espírito de partilha, um ascetismo que 'implica em aprender a dar e não simplesmente desistir. É uma forma de amar, de me afastar gradualmente do que eu quero para o que o mundo de Deus precisa.'"[96]

---

96 Papa Francisco. "Laudato Si". 24 de maio de 2015. Disponível em: www.vatican.va/content/francesco/en/encyclicals/documents/papa-francesco_20150524_enciclica-laudato-si.html. Acesso em: 09 jun. 2022.

É verdade que a nossa relação com a Terra será mais sustentável se, por exemplo, dirigirmos veículos elétricos em vez de veículos movidos a gasolina. Mas se mantivermos a lógica extrativista que define nossa relação com a Terra e simplesmente encontrarmos métodos de extração menos destrutivos de maneira tangível, ainda não resolvemos de fato o problema no centro de nossa relação com a Terra, que é, na verdade, não *termos* uma relação com ela. A criança tornou-se um estranho para sua mãe, e esse estranhamento é mais do que apenas ecológico. O antecessor do papa Francisco, o papa Bento XVI, explicou como essa alienação de nossa mãe realmente nos atrapalha em nosso relacionamento com Deus:

> Quando Deus, por meio da criação, deu ao homem as chaves da Terra, ele esperava que usasse esse grande dom frutífero de forma responsável e respeitosa. O ser humano descobre o valor intrínseco da natureza se ele aprende a vê-la como [...] a expressão de um projeto de amor e de verdade.

Seja verde ou menos verde, uma abordagem extrativista da Terra ainda se baseia na história revolucionária que centraliza o eu e esvazia a natureza — e o próximo — de seu ser e significado. Mesmo uma postura mais ecológica em relação à Terra pode ser radicalmente egoísta, incapaz de cultivar em nós as virtudes e os hábitos que conduzam a uma vida de amor e pertencimento.

A VONTADE DE SER IMPEDIDO

Se quisermos recuperar um relacionamento autêntico com o planeta, devemos deixar a realidade castigar e refinar nossa própria ambição e nosso próprio desejo. Ser impedido dessa maneira é bom para nós. Pode nos ensinar a amar, pois o que é o amor senão a disposição de deixar de lado nossos desejos particulares à luz da necessidade ou do desejo do outro? Amar é estar disposto a ser impedido pelo amado. O que essa disposição de ser impedido significa para nossa abordagem do mundo natural? Várias possibilidades vêm à mente.

Primeiro, a vontade de ser impedido afetará nossas escolhas alimentares. A maneira mais fácil de comer hoje na América e em grande parte do Ocidente é simplesmente comprar o que é barato e fácil de preparar. Como resultado, muito conhecimento foi perdido e a Terra e os animais foram prejudicados, pois escolhemos maneiras mais fáceis de comer.

Estar disposto a ser impedido aqui significa estar disposto a gastar um pouco mais de dinheiro em nossa comida, se tivermos oportunidade de ter orçamento para isso. Gastar mais em carne de origem ética é algo bastante significativo. Esse único passo pode ajudar a minar o sistema degradante de "produção de carne" que hoje é tão comum na agricultura americana, e ajudar a apoiar o tipo de fazendeiros e pecuaristas que tentam modelar um relacionamento que honre mais a Deus com seus animais. Devemos também — novamente, se nossas circunstâncias permitirem — estar dispostos a ser obstruídos na forma como preparamos nossas refeições. É bom ter tempo para aprender um pouco sobre a preparação de alimentos e cozinhar.

Ao permitir que nossa "liberdade" seja interferida dessa maneira, estamos priorizando a saúde da Terra e dos animais sobre nossa própria conveniência. É mais importante que os animais sejam bem tratados do que economizar um pouco de dinheiro comprando carne barata, trazida às nossas mesas por meio de atos de crueldade, que toleramos principalmente porque permanecem ocultos em fazendas industriais, e carnes à base de plantas.

Obviamente, isso será mais fácil para aqueles com renda maior. Mas, mesmo assim, muitas cidades têm programas que disponibilizam boa comida. No início de nosso casamento, minha esposa e eu usávamos um desses programas com frequência. Da mesma forma, as igrejas podem ajudar a tornar esse tipo de relacionamento com a nossa comida mais plausível para mais pessoas. Elas podem fazer o que duas igrejas de nossa denominação fazem em Lincoln e hospedar centros de distribuição de alimentos semanalmente. Por meio de um ministério chamado *FoodNet*, mercearias locais doam alimentos que expiram dentro de alguns dias, e os sites de distribuição do *FoodNet* os distribuem gratuitamente para quem vier.

As igrejas também podem estar posicionadas de maneira única para servir como uma rede de compartilhamento de habilidades — unindo pessoas em seu bairro ou comunidade que possuem habilidades práticas com aqueles que desejam aprender. Isso poderia facilmente incluir aulas de culinária para ensinar às pessoas habilidades básicas na cozinha — como trabalhar com os ingredientes, como preparar algumas refeições básicas e assim por diante.

O outro lado de rejeitar uma lógica extrativista em nossa relação com a natureza é adotar uma lógica generativa — uma forma de se relacionar com o mundo que busca produzir mais vida em vez de sugar a vida que resta. Uma abordagem generativa da alimentação incluirá fazer tudo o que pudermos para tornar a alimentação saudável e os hábitos alimentares saudáveis acessíveis ao maior número possível de pessoas.

Não é difícil imaginar outras aplicações desse mesmo princípio em outras áreas da vida. Estar disposto a ser impedido significa, às vezes, sacrificar oportunidades econômicas em prol da natureza ou do próximo. Podemos até estender um pouco o princípio e aplicá-lo a uma variedade de decisões diárias que tomamos — como vamos de um lugar para outro, onde vamos morar, o número de carros que teremos. Se estivermos dispostos a deixar de lado o ídolo da conveniência e nos permitir ser obstruídos de pequenas maneiras para alcançar um bem maior, rapidamente começaremos a ver as possibilidades de viver de uma maneira mais intimamente ligada à Terra, mais atenta à sua necessidade e à sua vida.

UMA ÉTICA DE UTILIZAÇÃO GENTIL

Em sua juventude, meu pai foi um grande arqueiro. Alguns de seus troféus, incluindo uma flecha que ele dividiu com outra flecha, como Robin Hood, ainda são exibidos na casa dos meus pais. Ele raramente ficava mais feliz do que quando estava sentado em uma árvore em uma manhã fria de fim de outono, com o arco pronto para a caça, examinando os campos ao seu redor e observando o sol espreitar lentamente no horizonte.

Meu pai era um caçador gentil. Se fosse no início da temporada e ele visse uma corça adulta no campo, ele não atiraria, mesmo que fosse um tiro perfeito. A corça pode ter bebês para cuidar. Da mesma forma, se ele visse um gamo (um veado macho jovem), ele geralmente o soltava também — gamos precisavam ter idade suficiente para procriar e ajudar a renovar a população de veados. E mesmo que ele tivesse ali um troféu em potencial, se o tiro não fosse favorável, ele não aceitaria. Ele queria o tiro mortal, feito de um ângulo perpendicular ao cervo, de modo que a flecha pudesse passar pelos órgãos vitais do cervo e matá-lo quase imediatamente e com o mínimo de dor. Ele não atiraria a flecha em um ângulo ruim que poderia mutilar o cervo sem matá-lo ou que poderia feri-lo fatalmente, mas apenas após um processo longo e doloroso sangrando enquanto ele fugia pelos campos. Papai não estava simplesmente tentando matar um veado de qualquer maneira que pudesse por diversão. Nem estava tentando pegar um veado por sua carne a qualquer custo. Se o custo de sua comida era uma morte lenta e torturante para o animal, então o custo era muito alto.

É esse tipo de postura em relação à Terra que todos devemos adotar. Fazer isso é uma questão de vontade e conhecimento. A capacidade do meu pai de saber quando atirar e quando não atirar, qual cervo pegar e qual deixar viver, dependia de seu conhecimento — de ele ter passado tempo suficiente olhando o mundo natural para fazer escolhas sábias. Se não estivermos primeiro atentos à Terra, será impossível adotarmos uma ética de utilização gentil.

Da mesma forma, inerente ao uso gentil está a ideia de que eu não sou a única parte envolvida no meu usufruto da terra. Em outras palavras, a ideia de uso gentil pressupõe uma vontade de ser impedido por outras vidas que não a nossa. Havia temporadas, especialmente no início de seus dias de caça, em que papai não pegava um veado. Ele poderia ter conseguido um, é claro, se tivesse comprometido seus padrões, fazendo um tiro arriscado, pegando o cervo e sua mãe. Mas ele não iria fazer isso. A vida naquele lugar tinha, nas palavras de Wendell Berry, vindo antes dele e continuaria depois dele. E assim, o padrão para o relacionamento do meu pai com o lugar era antes de tudo o que era melhor para a Terra, e não simplesmente o que ele queria tirar dela.

Em última análise, essa ética é uma atuação da ideia de "ressonância" de Hartmut Rosa, uma vez que tem como premissa observar o mundo e permitir que ele atue sobre nós mesmo quando nós agimos sobre ele. Foi o teórico político reformado Johannes Althusius que disse que o propósito de nossa política é estruturar nossas relações para a simbiose, isto é, para o crescimento mútuo. Althusius estava se referindo especificamente às nossas relações humanas, é claro, mas o conceito tem uma aplicação óbvia em questões de ecologia. Não é surpreendente que essa mesma abordagem da Terra também tem aplicação social, política e econômica mais ampla, pois rejeita a ideia de que a nossa relação com a natureza tem apenas um caminho — os recursos naturais sendo extraídos do mundo e consumidos pelos seres humanos.

Em seu livro *The Nature of Nature* [A natureza da natureza], o conservacionista Enric Sala cita um exemplo de pensamento extrativista, embora pudesse citar muitos outros:

> Pense, por exemplo, em uma rica floresta tropical em Bornéu, um ecossistema maduro que sustenta uma das

> maiores diversidades de espécies do mundo. Os humanos a derrubam e a substituem por uma plantação de palmeiras-de-dendê, uma monocultura com diversidade próxima de zero. Apenas uma floresta queimada seria menos madura ecologicamente do que uma plantação. O óleo dessa palmeira será consumido em produtos alimentícios em cidades ao redor do mundo, mas os humanos não devolverão nada a esse ecossistema em troca. Enquanto os humanos mantiverem a plantação, esse *habitat* nunca voltará à sua antiga glória ecológica, e a fronteira assimétrica entre a floresta e a plantação persistirá.[97]

Como seria se nossas decisões políticas e corporativas começassem com a suposição de que devemos algo ao mundo — que devemos permitir que o mundo aja sobre nós tanto quanto agimos sobre ele? Posso pensar em ramificações pequenas e grandes. Espero que nossos estacionamentos pareçam diferentes — com mais árvores e espaços de jardim, no mínimo, em uma tentativa de manter *alguma* biodiversidade em meio à selva de concreto. Talvez também nossas cidades ficassem mais bonitas, tanto porque poderiam preservar mais espaço verde se não precisássemos de tanto espaço para acomodar nossos carros, quanto porque plantar árvores e flores em nossas cidades é uma maneira deliciosa de torná-la única e bonita.

É claro que a maioria de nós não poderá fazer tanto, pois os espaços que podemos influenciar são muito menores e mais limitados. Mesmo assim, lembro-me de um dos livros infantis favoritos da minha mãe, o livro ilustrado de 1982, *Miss Rumphius*, de Barbara Cooney. Ele conta a história de uma mulher cujo avô, ao saber de suas muitas ambições na vida, acrescentou uma última coisa à sua lista: você deve fazer algo para tornar o mundo

---

97 SALA, Enric. *The Nature of Nature*. Washington, DC: National Geographic Partners, 2020, p. 71.

mais bonito. Assim, na velhice, depois de ter viajado o mundo, depois de ter comprado uma casinha à beira-mar, a senhora Rumphius começou a plantar pequenas flores roxas chamadas tremoços. Na velhice, a senhora Rumphius podia olhar pela janela e ver as encostas cobertas de pequenas flores roxas. Ela tinha feito o que podia para tornar o mundo mais bonito. Que todos nós façamos o mesmo.[98]

VEM A GRANDE SECA

E quanto à comunidade Danthonia Bruderhof e seus leitos secos de riachos? Eles não estão mais secos. O que aconteceu? Eles olharam. Eles prestaram atenção. Eles descobriram que algumas das piores terras em suas fazendas estavam sujeitas a sobrepastoreio por longos períodos de tempo. Isso sugeriu a eles que o que quer que precisassem mudar, envolveria o modo como eles lidavam com seu gado. E assim eles começaram a estudar e a fazer perguntas.

Eles se depararam com o trabalho de um ecologista do Zimbábue que estava intrigado com um problema semelhante na África Austral. Por que, ele se perguntou, o pastoreio excessivo estava causando tanto estrago nas fazendas do Zimbábue quando o tamanho dos rebanhos era muito menor do que historicamente? Se temos menos animais, por que temos um problema de sobrepastoreio? Eventualmente, ele encontrou sua resposta: os predadores se foram.

Seja na Austrália ou na África Austral ou nas Grandes Planícies da América do Norte, o gado tradicionalmente pastava em grupos pequenos e compactos. Eles faziam isso por segurança. Se estivessem espalhados pela terra, seriam presas mais fáceis para leões ou lobos. Se estivessem bem agrupados, eles seriam mais capazes de se proteger. Essa compactação densa teve um

98 COONEY, Barbara. *Miss Rumphius*. Nova York: Puffin, 1985.

efeito sobre a terra: ao pastar rapidamente pequenos lotes e depois enriquecer o solo com seu estrume, esses animais cuidaram efetivamente da terra e até criaram solo superficial para ajudar os agricultores em seu trabalho. No entanto, com o desaparecimento dos predadores, os animais se dispersaram e agora não pastavam mais em uma área, de modo que seu esterco não estava concentrado o suficiente em nenhum lugar ao mesmo tempo para ter o mesmo efeito.

Ao perceber isso, a comunidade Bruderhof comprou cercas móveis e começou a criar um cronograma de como eles pastariam seu gado em grupos pequenos e densos, de modo a produzir o mesmo efeito líquido para a terra, como se suas vacas estivessem com medo de um ataque de leão. Logo o solo começou a ser restaurado.

Outra constatação que eles tiveram foi que plantar árvores em lugares estratégicos ajudaria a enriquecer o solo, armazenar e evitar o escoamento da água, o que tornava a terra mais saudável. Nos pouco mais de vinte anos em que a comunidade Bruderhof vive naquela terra, eles plantaram mais de cem mil árvores. Meier explica:

> As árvores impedem o vento enquanto ele sopra pela paisagem; quanto mais rápido o vento se move, mais umidade perdemos. As árvores fornecem *habitats* e sombra. Onde houver árvores, a terra absorverá até sessenta vezes mais chuva do que as pastagens. Suas raízes extraem nutrientes de muito abaixo da superfície — uma árvore madura deposita 7% de sua biomassa total no solo todos os anos, o que beneficia plantas mais rasas. E são simplesmente lindas.[99]

Ao longo dos anos, essas medidas proporcionaram uma transformação notável na terra. Fotos do início dos anos 2000,

99 MEIER. "Beating the Big Dry".

tiradas logo após sua chegada, mostram uma terra marrom e seca que, mesmo à primeira vista, parece inóspita à vida. Fotos dos mesmos terrenos hoje mostram grama verde exuberante e lagoas cheias pontilhando a paisagem. Onde antes havia morte, agora há vida. E não é assim que deve ser entre os cristãos? Meier diz bem:

> O que estamos fazendo em Danthonia para cuidar da terra não é grande coisa. [...] Nosso chamado é viver uma vida de discipulado de Cristo e seguir seu caminho da melhor maneira possível. Cuidar desta terra é simplesmente um reflexo do nosso desejo de sermos fiéis a Cristo que ama as flores do campo, os pardais, as crianças; que se compadece dos doentes e necessitados; cujo coração está com os destituídos e oprimidos.[100]

A ecologia cristã é meramente a vizinhança cristã aplicada à terra e aos animais. É tomar o jugo de Cristo ao encontrar o mundo criado ao nosso redor. Se Jonathan Edwards e João Paulo II estão certos em suas afirmações, ecologia cristã é praticar a arte de ouvir e cuidar de nossa mãe.

---

100 Ibid.

CAPÍTULO

8

UMA VISÃO DO PERTENCIMENTO CRISTÃO

A família e a Revolução Sexual

NO OUTONO DE 1541, a peste bubônica atingiu a cidade de Estrasburgo, no sul da Alemanha.[101] Ao longo do surto, cerca de uma em cada sete pessoas na cidade morreria. Considerando como a covid-19 e seu baixo número de mortes (em relação à população) abalaram a vida nos Estados Unidos em 2020, podemos avaliar o quão devastadora essa praga foi. Quando tais calamidades ocorrem hoje, elas suscitam questões óbvias sobre a bondade de Deus, e espera-se que os pastores de uma cidade que enfrenta tal adversidade tenham respostas, mesmo que eles carreguem seus próprios fardos de tristeza. Em Estrasburgo não foi diferente.

O principal pastor da cidade era um homem que conhecemos no capítulo seis: Martin Bucer. Ao longo do surto da peste bubônica, nove membros da família de Bucer morreram — dois empregados, um seminarista estrangeiro, três filhos mais velhos e, no final do ano, duas filhas pequenas. Mas o golpe mais doloroso

101 Hoje Estrasburgo faz parte da França, mas no século 16 era uma cidade de língua alemã pertencente ao Sacro Império Romano.

destruiria a própria casa: em 16 de novembro, a esposa de Bucer e coração de sua casa, Elisabeth, morreria. Na época da morte de Elisabeth, a família Bucer havia se tornado famosa em toda a região. Martin era conhecido há muito tempo como um defensor da renovação da igreja, um evangelista perspicaz da Reforma Protestante e um organizador institucional talentoso. Mas, por sua própria admissão, nada do que ele fez teria sido possível se não fosse pela diligente Elisabeth, uma freira fugitiva com quem se casou em 1522.

Para capturar algo da alegria de viver de sua casa, podemos considerar um registro de sua vida deixado para trás em uma carta para a qual Martin e Elisabeth contribuíram. A carta foi enviada à uma amiga em comum, Margaret Blaurer, que morava na cidade suíça de Berna. Martin havia escrito para responder a uma carta anterior de Margaret. Perto do fim, ele se desculpou por Elisabeth não ter escrito para ela. Ela não gostava de escrever, disse ele, e também estava bastante ocupada. Além de acolher dois refugiados italianos, recentemente haviam se juntado a eles quatro refugiados franceses e dois seminaristas alemães que estudavam com Martin. O casal Bucer também teve vários filhos — não sabemos o número exato, mas pode ter sido até oito. Essa casa, cheia de vida tanto por causa de sua própria união quanto por causa de sua radical hospitalidade, deixava pouco tempo para escrever cartas. Mas antes que a carta fosse enviada, Elisabeth a leu e contribuiu com suas próprias falas no final: "Não me importo de escrever, mas as panelas nunca param. Boa noite! Ore a Deus por nós. Agora tenho que ir para a cozinha".[102]

Dizer que sua casa estava cheia seria um eufemismo. E, no entanto, essa era a vida normal em seu lar. Estrasburgo, uma cidade grande e próspera perto da fronteira francesa que oferecia ampla tolerância religiosa, era um destino natural para refugiados

---

102 Citado por SELDERHUIS, Herman. *Marriage and Divorce in the Thought of Martin Bucer*. Kirksville, MO: Thomas Jefferson University Press, 1999.

religiosos franceses e italianos que buscavam abrigo. Os Bucer ficaram felizes em oferecer abrigo a eles. Além disso, dada a necessidade de formar pastores para liderar a igreja alemã e a falta de seminários preparados para esse trabalho nos primórdios da Reforma, não era incomum que aspirantes a ministros convivessem, como aprendizes, com a família do ministro local. Esse arranjo foi encontrado em todo o mundo protestante emergente. Martinho e Katie Lutero também receberam muitos seminaristas em sua casa em Wittenberg.

O casamento de Martin e Elisabeth foi um relacionamento improvável em muitos aspectos. Sabemos muito pouco sobre isso, pois Martin era discreto sobre sua vida familiar. No entanto, sabemos que Martin e Elisabeth receberam ordens religiosas sob uma espécie de coação — Martin se juntou aos dominicanos aos quinze anos para pagar sua educação continuada. Elisabeth foi forçada à vida religiosa por sua família, pois não quiseram fornecer o dote que seria necessário para ela se casar. No entanto, eles se conheceram, e os dois se casaram no verão de 1522. Em 1523 eles chegariam a Estrasburgo. Nos dezoito anos seguintes, os dois constituiriam um lar na cidade que se tornaria famoso como um dos mais calorosos e hospitaleiros da região.

O ISOLAMENTO DA FAMÍLIA

Está na moda há muitos anos em círculos socialmente conservadores considerar a família como, para usar uma frase comum, "um refúgio em um mundo sem coração". Essa ideia evoluiu um pouco ao longo do tempo. Quando a frase foi usada pela primeira vez, pretendia descrever uma divisão entre o mundo cruel do mercado de trabalho do lado de fora e o santuário virtuoso do lar e da vida familiar. Em anos mais recentes, a frase tem sido frequentemente usada para estabelecer uma distinção entre a suposta impiedade da vida pública americana e a santidade da vida familiar. Em ambos os casos, a família é vista como uma espécie de baluarte, uma comunidade ainda governada pelo amor e pela misericórdia quando todo o mundo é governado pelas leis ferrenhas das grandes corporações ou pelos ideais progressistas da esquerda.

O fato que essa forma de ver a família tenha se tornado tão comum nos círculos conservadores não deve nos surpreender. Se o mundo em si é basicamente violento, e se nossas formas de sustentar a nossa vida dependem do nosso próprio poder de tomar o que queremos ou precisamos mesmo à custa de outros, então a humanidade tem duas opções: ou normalizar esse tipo de violência universalmente ou tentar mantê-la contida em áreas específicas da vida por meio do uso de outras comunidades que seguem outras leis.

Assim, como conta o historiador Christopher Lasch, a família nuclear surgiu no século 19 como forma de corrigir os excessos do mundo fora do lar e para instruir sobre costumes e virtudes.[103] Foi uma tentativa de ter o bolo do industrialismo e comê-lo também — colher as riquezas de curto prazo que vêm de um mundo industrializado e preservar as formas de caráter, integridade e virtude que ainda eram amplamente vistas como boas e desejáveis, mesmo que um pouco deslocadas no mundo dos negócios.

Essa compreensão do lar previsivelmente se desenvolveu de maneiras fortemente relacionadas ao gênero, de acordo com Lasch. Não havia simplesmente uma divisão entre mercado de trabalho e lar, no qual se esperava que o lar fizesse o trabalho de ensinar a virtude. Havia também uma divisão imaginada entre homens e mulheres, com os homens cada vez mais identificados com a violência do mercado e as mulheres com a silenciosa rotina doméstica do lar. Assim, o casamento e a vida familiar passaram a ser pensados como os meios pelos quais os homens naturalmente violentos e até mesmo bestiais poderiam ser ensinados certa virtude, certa domesticidade, pelas naturalmente

---

103 LASCH, Christopher. *Haven in a Heartless World*. Nova York: Norton, 1995.

mais decentes mulheres em suas vidas. Como o mundo fora de casa havia sido industrializado e reduzido a uma selvagem batalha de vontades, o lar era necessário como uma trégua desse mundo. Uma mulher do século 19 explicou essa ideia dizendo que "o mundo corrompe; o lar deve refinar".[104] Tudo isso, com o tempo, viria a contribuir para a ideia de Betty Friedan da "mística feminina" que discutimos anteriormente.

Essas ideias são compreensíveis dada a violência desencadeada no mundo pela sociedade revolucionária. Mas, em última análise, elas estão enganadas. Tais ideias operam com a presunção de que o mundo é naturalmente insensível, cruel e violento, e que o papel da família é ser uma espécie de refúgio defensivo, uma sociedade fechada na qual os vícios do mundo são mantidos fora e outras formas de vida comum podem ser imaginadas.

Essa concepção não entende a natureza da sociedade de forma mais ampla e coloca um fardo pesado e, em muitos casos, insuportável sobre as famílias, que são solicitadas a fazer muito mais do que se pode razoavelmente esperar da maioria delas. Também reduz as expectativas morais para os homens enquanto sobrecarrega as mulheres com o trabalho de civilizar, de alguma forma, os homens de sua vida. Por fim, essa concepção sugere que o tipo de vida comunitária tranquila e amorosa que todas as pessoas anseiam só é acessível aos casados, o que aparentemente condena o celibatário a uma vida de solidão. Essa ideia se torna especialmente cruel quando se considera a questão dos cristãos atraídos pelo mesmo sexo, que optam por permanecer celibatários em vez de agir de acordo com seus desejos sexuais. Se a família nuclear é o único refúgio, então o que dizer daqueles que não vivem com sua família nuclear ou não têm mais tal família?

As realidades da vida após a Revolução Sexual aumentaram todos esses problemas. Se o mundo fora de casa é visto como um

---

104 Citado por PEARCEY, Nancy. *Total Truth*. Wheaton, IL: Crossway, 2008, p. 333.

deserto sem coração — e para os pobres, os fracos e os marginalizados na América, certamente é —, mas a família também foi enfraquecida pela Revolução Sexual, o que acontece com a vida comunitária na América?

ABRIGO OU FONTE?

Pode ser difícil imaginar outra visão do que a família e o lar poderiam ser. Se o lar não é um refúgio em um mundo sem coração, o que ele é, afinal? Se o mundo não é de fato naturalmente insensível, qual é o papel da família nele?

As palavras do papa Bento XVI em um discurso que ele fez uma vez, chamado "A família humana, uma comunidade de paz", nos ajudam a responder a essa pergunta. A família, diz ele, é uma escola para uma vida pacífica, uma espécie de campo de treinamento na vida de paz que equipa seus membros para trazer essa paz ao mundo:

> A família é a base da sociedade [...] porque possibilita aos seus membros de forma decisiva experimentar a paz. Consequentemente, a comunidade humana não pode prescindir do serviço prestado pela família. Onde os jovens podem aprender gradualmente a saborear melhor o genuíno "sabor" da paz do que no "ninho" original que a natureza prepara para eles? A linguagem da família é uma linguagem de paz; devemos sempre extrair nossa fala dela, para que não percamos o "vocabulário" da paz.[105]

Visto dessa forma, o universo é um conjunto de círculos concêntricos, todos girando, todos tocando a mesma música, mas com partes distintas. A família é normalmente onde primeiro aprendemos a amar o bem, onde primeiro aprendemos como

105 RATZINGER, Joseph. "The Human Family: A Community of Peace". 1 de janeiro de 2008. Disponível em: www.vatican.va/content/benedict-xvi/en/messages/peace/documents/hf_ben-xvi_mes_20071208_xli-world-day-peace.html. Acesso em: 09 jun. 2022.

as relações de cuidados necessários podem e devem funcionar. É onde começamos a aprender a nos colocar no mundo vivo que recebemos ao nascer, a abraçar uma vida de dar e receber mútuos, a participar da liturgia do amor que está por trás de toda a realidade. A família é uma espécie de inversão da lógica da Revolução Sexual — minha vida pela sua.

A Revolução Sexual procurou garantir a igualdade e a justiça nivelando o campo do jogo sexual. Os revolucionários viram que homens heterossexuais poderosos recebiam uma série de escolhas sobre como se comportar sexualmente que eram negadas à maioria das pessoas. Eles procuraram corrigir esse problema normalizando a experiência de homens heterossexuais poderosos em toda a sociedade, de modo que todos desfrutassem do mesmo leque de possibilidades que eles. Em outras palavras, a Revolução Sexual normalizou uma concepção de sexo em que a abordagem sexual é, principalmente, sobre a experiência de cada pessoa de maneira privada, e em que a sexualidade é o principal meio pelo qual cada pessoa articula sua identidade no mundo. Os defensores da Revolução Sexual viram que homens heterossexuais poderosos tinham ampla licença para pensar sobre sexo de maneira egocêntrica, até mesmo narcisista, e eles (com razão!) consideravam isso uma injustiça. Mas a solução deles foi fazer avançar a "justiça" ordenando a todos o mesmo direito ao sexo egoísta.

O ícone da família, então, é um repúdio não apenas ao movimento igualitário no centro da Revolução Sexual, mas ao sexo egoísta que os homens poderosos desfrutavam nos Estados Unidos nos anos que antecederam a Revolução Sexual. A família nos diz que o propósito do sexo é dar de si ao amado, que a expressão natural do amor não é principalmente por causa da minha própria autoexpressão, mas para exaltar o outro. Essa realidade está no coração da família, é claro, no próprio enlace sexual, mas a lição que ela nos ensina se aplica a todos os aspectos da vida familiar: na família, aprendemos que a vida boa é de autoesvaziamento, de imitar Cristo em sua generosidade e em seu amor pelo mundo.

Assim, a família é central para o bem-estar da sociedade, mas não por causa de uma competição entre a sociedade e o lar. A família é essencial por ser a nossa primeira introdução ao mundo, onde primeiro aprendemos a falar a linguagem da paz. Em uma sociedade saudável, a língua que aprendemos a falar em casa é a língua que continuamos falando em nossa vida adulta — em nosso trabalho, nossa igreja e nossa vizinhança. É por isso que Bucer se referiu à família como "a fonte e o berçário da boa cidadania".[106] A família não é um *bunker* defensivo contra o deserto do mercado; é um jardim de flores, um canteiro para criar o tipo de pessoas que são capazes de amar o próximo. Jardins de flores, é claro, nunca são destinados exclusivamente ao guardião do jardim; destinam-se ao deleite de todos os que por ali passam. A família é assim.

AS ORIGENS DA FAMÍLIA

Dar sentido ao lar em nosso contexto requer atenção especial ao papel do sexo na criação de um lar. A maneira comum de pensar sobre sexo no Ocidente moderno é vê-lo como sendo principalmente para o prazer e, particularmente, o prazer de expressar seu eu autêntico em sua forma mais plena e intensa. O sexo é, em última análise, um meio de autoexpressão, o que quer dizer que ele é interpretado como sendo principalmente para o indivíduo. Mas essa não é a concepção cristã do sexo.

O cristianismo diz que o que desejamos no sexo não é meramente prazer ou uma experiência pessoal de satisfação, mas algo mais profundo. Desejamos união com outra pessoa. No sexo, mais do que qualquer outra coisa que possamos fazer com nossos corpos, somos capazes de deixar de lado as divisões

106 BUCER, Martin. *Melanchthon and Bucer*. Filadélfia: Westminster, 1969, p. 327.

que podem facilmente nos condenar à solidão e ao isolamento. O teólogo e especialista em ética Matthew Lee Anderson escreve o seguinte:

> O sexo parece ser sobre outras pessoas — e especificamente sobre nosso desejo de união com elas. Ao desejar outra pessoa, nós a vislumbramos sob um tipo especial de luz. Nós a vemos cercada por uma atmosfera de glória e beleza, que desperta um sentimento de reverência e temor. Esse vislumbre é, de certa forma, uma descoberta dela como realmente é: descobrimos naquele momento o mistério de sua alteridade e sua insubstituibilidade para nós. Aprendemos naquele momento que não podemos trocá-la por outros como se fosse um iPhone. Quando desejamos nos unir com a pessoa dessa maneira, ninguém mais a substituirá.[107]

Anderson diz que essa orientação para o outro também tem outra consequência: como todas as coisas boas, não queremos que nossa união termine. E assim chegamos ao papel das crianças na vida do lar. A melhor maneira de pensar sobre o papel dos filhos no casamento é como ícones do amor do casal. Os filhos produzidos pela união entre um homem e uma mulher tornam-se declarações tangíveis e encarnadas de seu desejo e de sua união. É por isso que, segundo o cristianismo, o casamento deve ser entre um homem e uma mulher; o objetivo do sexo é uma união sacrificial com outra pessoa, e essa união é projetada para ser frutífera. Uma união que é permanentemente estéril não é capaz de realizar isso.

O fruto que essa união produz — a evidência tangível do amor — constitui o lar, pois pai, mãe, filhos e talvez até a família

---

107 ANDERSON, Matthew Lee. "The Christian Sexual Ethic (for High Schoolers)". *The Path Before Us*. 27 de julho de 2020. Disponível em: www.getrevue.co/profile/matthewleeanderson/issues/the-christian-sexual-ethic-for-high-schoolers-issue-204-266193. Acesso em: 09 jun. 2022.

estendida estão unidos em uma economia compartilhada que cresceu a partir de seu amor. Assim, quando dizemos que o amor conjugal é procriativo, queremos dizer mais do que o fato de ele ser biologicamente reprodutivo, embora não possamos dizer menos do que isso.

É claro que vivemos em um mundo influenciado pelo pecado, e assim os desígnios naturais são muitas vezes frustrados não pelo pecado deliberado das pessoas humanas, mas pelas consequências não escolhidas de viver em um mundo caído. Muitos casais são inférteis não por escolha, mas por algo fora de seu controle que os impede de conceber. Tais casamentos não são menos válidos por isso. (O livro de Matthew Arbo, de 2018, *Walking Through Infertility* [Falando sobre infertilidade] é útil para aqueles que lutam contra a infertilidade — e realmente todos os cristãos deveriam ler, já que, estatisticamente falando, todos nós conhecemos casais nessa situação.) Da mesma forma, nos casos em que os pais biológicos não podem criar seu filho, pode ser necessário que outra família adote essa criança em sua casa. De fato, filhos adotivos e famílias adotivas recebem um presente que outros não têm, que é a chance de mostrar o amor único de Deus por seu povo, pois as Escrituras às vezes falam de Deus "adotando" seus filhos. Antes não éramos filhos de Deus, mas nos *tornamos* filhos de Deus por meio da adoção.

Portanto, o ponto aqui não é desvalorizar os casamentos de casais inférteis, ou atribuir uma espécie de *status* de segunda classe aos filhos adotivos. Em vez disso, podemos dizer aqui o que Oliver O'Donovan disse em *Resurrection and Moral Order* [A ressurreição e a ordem moral]: que algumas formas de amor humano olham para o bem da ordem criada como nos foi dada por Deus, enquanto outras aguardam a esperança da redenção, quando Deus enxugará toda lágrima e todas as coisas serão renovadas.

O amor conjugal é generativo porque evoca as formas menores e mais locais de comunidade humana, as formas nas quais podemos aprender mais naturalmente sobre a boa vida, a virtude e o que significa amar o próximo e amar a Deus. A intimidade que evoca uma nova vida também molda a vida diária do lar — cria um lugar de confiança, segurança e aconchego. Quando o ato primordial da formação do lar é impedido, quando os parceiros retêm algo de si do outro, isso introduz um obstáculo à intimidade, um obstáculo às próprias práticas que tornam o lar belo e vivificante.

Em uma visão individualista moderna da vida em comum, a vida na comunidade humana é uma negociação estendida na qual posso usar minha agência e você pode usar a sua, bem como o que nós dois podemos fazer com a nossa agência. É tudo necessariamente contratual, centrado no desejo do indivíduo.

Mas em um relato mais antigo da comunidade humana que pressupõe determinadas formas de identidade compartilhada e pertencimento mútuo, a tarefa de crescer em maturidade e virtude significa aprender a reunir as necessidades da comunidade e os desejos do coração humano. Em um cenário ideal, necessidade e vontade se unem — o que eu mais *quero* é realmente propício à vida da comunidade, para que eu possa ter tudo o que quero e, longe de privar as pessoas ao meu redor de qualquer coisa, a realização de todos meus desejos eleva a vida de toda a comunidade porque meus desejos e as necessidades da comunidade estão interligados. Isso significa que a vida em comunidade não é principalmente um problema de negociação legal, mas de formação do coração. A maior necessidade de qualquer comunidade não é principalmente uma constituição sólida para governá-la, embora isso seja útil em um mundo pecaminoso. A maior necessidade são membros com corações moldados pelo chamado ao amor, cujos desejos estão de acordo com as necessidades do lugar e das pessoas.

Mas se o problema é a formação do coração, então isso levanta uma questão óbvia: como os corações — a sede dos desejos humanos — são formados? Como aprendemos a desejar o que é bom? Não é por meio do poder. O poder às vezes é necessário para nos proteger de nós mesmos ou dos outros. Mas o poder exercido à parte do relacionamento e do conhecimento só pode moldar o comportamento; não pode moldar o coração. Somente relacionamentos de amor podem fazer isso. O filósofo e historiador católico Andrew Willard Jones explica:

> O pai leva seu filho à virtude o conhecendo intimamente. Ele conhece suas fraquezas e suas forças, suas tentações inerentes e sua bondade natural. O pai usa esse conhecimento para empregar seu poder superior efetivamente no aperfeiçoamento de seu filho. Isso nada mais é do que "cuidado de almas".[108]

Se a boa vida é encontrada em reconhecer seu lugar no mundo e discernir como seu arbítrio e seus talentos podem ser usados para servir a vida do mundo, então essas são lições melhor ensinadas dentro de laços de intimidade e confiança. Tais lições são melhor aprendidas em casa, dentro da família.

Suponha que você tenha um filho que luta contra a ira. Como essa criança aprenderá a entender sua raiva, controlar seu corpo e praticar a ira justa ou se arrepender de sua intemperança? Muitas comunidades podem e vão responder a isso de alguma forma. Uma escola pode corrigir a criança quando ela bate em um colega de classe no recreio. Mais tarde na vida, o governo pode prender o filho adulto quando ele agride alguém na rua. Mas, por sua própria natureza, essas comunidades podem fazer pouco mais do que isso. Por quê?

Em primeiro lugar, elas geralmente são muito grandes. Uma escola pode ter várias centenas ou mesmo vários milhares de alunos sob seus cuidados. Isso a força a adotar um certo pragmatismo na forma como lida com o mau comportamento, simplesmente porque não tem tempo nem recursos suficientes para sondar as causas do comportamento de um aluno.

---

108 JONES, Andrew Willard. "What States Can't Do". *New Polity*. 24 de julho de 2020.

Em segundo lugar, as instituições grandes e impessoais carecem do conhecimento pessoal necessário para entender as lutas de um aluno no nível do coração. Grandes instituições podem observar o comportamento, mas geralmente não podem conhecer o coração.

Em contraste, uma família é pequena. Mesmo se você tiver uma grande família imediata e vários outros parentes morando na casa, é improvável que a comunidade tenha mais de dez ou doze pessoas. Isso significa, em primeiro lugar, que há mais tempo para cada pessoa — se a birra de uma criança requer uma hora para ser abordada, uma hora pode ser dada. Segundo, porque a comunidade é menor e tem mais tempo para sua própria vida, cada membro também é conhecido mais profundamente. O governo vê um jovem irritado que agrediu alguém. Uma família pode ver um menino assustado, talvez que não seja neurotípico, de modo que ele registra a entrada sensorial de maneira diferente das outras crianças. A família pode amar aquele garotinho, criando espaços de brincadeira que pareçam seguros para ele, ao mesmo tempo em que trabalha para ajudá-lo a saber como responder a uma sobrecarga de estímulos sensoriais. Mas fazer todas essas coisas bem requer conhecimento íntimo, tempo e amor. Em suma, requer uma família.

A casa, então, é procriativa não apenas porque produz uma nova vida, mas porque é o tipo de comunidade capaz de estudar, discernir e cuidar da alma humana.

A CENTRALIDADE DA FAMÍLIA NATURAL

Há uma segunda razão para ver o lar como a comunidade central em uma sociedade saudável. O papa Bento XVI argumentou que a família é a primeira comunidade que qualquer um de nós experimenta e, portanto, apenas em termos pragmáticos, há motivos para registrá-la como primária. Mas essa não é a única razão para fazê-lo. Considere o problema de como uma comunidade de qualquer tipo cresce. A maioria das comunidades humanas é criada por meio de algum tipo de acordo formalizado entre as pessoas. Seja uma empresa, uma escola, uma igreja local ou um partido político, todas essas comunidades existem porque um grupo de pessoas não relacionadas decidiu criar uma nova comunidade para fazer algum projeto compartilhado. A família não é assim. A família natural é a única comunidade que pode se reproduzir sem nenhuma intervenção externa ou sem receber pessoas de fora da comunidade e integrá-las à comunidade. A família surge naturalmente da criação, pois homens e mulheres têm filhos e, então, precisam de um meio para garantir que a criança esteja segura e provida. Como tal, a família é primordial em qualquer tipo de sistema político; é a comunidade política mais básica imaginável.

Dessa percepção decorre um ponto importante: não se pode dizer que nenhuma outra comunidade humana vem *antes* da família, porque somente a família surge da criação quando homens e mulheres têm filhos e depois procuram criá-los bem. Uma aplicação disso, especialmente relevante em nossos dias, é que o governo não criou a família, apenas a reconheceu. A família é mais básica que o governo. De fato, o governo tem pouco poder sobre a família, exceto nos casos em que a vida e a segurança de alguns membros da família são ameaçadas pelo abuso de outros. A família vem em primeiro lugar porque ocorre naturalmente no mundo. O governo vem depois porque os governos, embora sejam responsáveis pela lei natural, são criados quando as pessoas decidem formá-los. Eles só existem tangivelmente no mundo quando as pessoas tomam medidas para estabelecê-los e preservá-los.

Esse ponto é de enorme relevância em nossos dias devido ao aumento do casamento entre pessoas do mesmo sexo e, mais recentemente, devido a questões emergentes sobre direitos dos pais e filhos transgêneros. Uma vez que uma nação redefine o casamento para acomodar casais do mesmo sexo, essa nação repudiou a visão cristã da família. Aqueles que argumentaram contra os oponentes do casamento gay, sugerindo que o advento de tal modelo não teria efeito sobre o casamento heterossexual, estavam gravemente enganados. Mesmo um relacionamento sexual fiel e comprometido entre duas pessoas do mesmo sexo será, por sua própria definição, um relacionamento estéril. Uma família do mesmo sexo é incapaz de se reproduzir naturalmente. Então, quando tal relacionamento é colocado no mesmo *status* legal pelo governo como um casamento heterossexual, a implicação é que os casamentos são criados pelo reconhecimento legal do estado.

Você percebe o que aconteceu? A família, que fundamenta a sociedade porque é o primeiro lugar onde aprendemos a viver em paz e porque é a comunidade na qual o amor humano realmente se encarna por meio da geração dos filhos, foi substituída como comunidade social seminal. Seu substituto — o Estado — é, por sua própria natureza, definido não pela paz e pelo amor, mas pelo uso da violência e da coerção como parte de sua responsabilidade de proteger seus membros da violência e da injustiça. Assim, passamos de uma imagem do mundo em que a comunidade mais básica a que pertencemos é definida pela paz e existe fora do mundo das instituições, para um mundo definido pela coerção; um mundo que literalmente não pode existir à parte da sanção das instituições estabelecidas. Afirmar a legitimidade do casamento entre pessoas do mesmo sexo é aceitar o mundo estupidificante e mediado que vem até nós apenas em caixas pré-embaladas que nos são entregues por grandes instituições.

Afirmar a primazia da paz na doutrina social cristã e a admiração inata pelo mundo, que é nosso direito natural como criaturas humanas, é se opor às ideias contemporâneas sobre sexualidade e gênero, incluindo a aceitação do casamento gay como instituição social.

O SEXO E A VIDA BOA

Embora seja verdade que o lar oferece uma expressão tangível de pertencimento cristão, mais precisa ser dito. A razão pela qual comecei este capítulo focando na família Bucer é porque a comunidade naquela casa era mais do que apenas Martin, Elisabeth e os filhos deles.

Os Bucer estavam constantemente abrindo sua casa para convidados, principalmente refugiados e seminaristas, e esses convidados também faziam parte da família. A casa deles estava sempre lotada. Já falamos sobre os casamentos no coração dos lares. Agora devemos falar sobre os outros membros da família e a maneira como eles também oferecem uma visão alternativa da criação humana contrária à libertinagem da Revolução Sexual.

Com muita frequência, nos últimos anos, os evangélicos responderam aos excessos da Revolução Sexual tentando adotar a postura básica dos revolucionários, mas dentro de uma estrutura cristã. A resposta de muitos evangélicos tem sido olhar para a Revolução Sexual e dizer: "Se você *realmente* quer um sexo quente, tente a abstinência antes do casamento e a monogamia depois". Líderes evangélicos que vão de Tim e Beverly LaHaye a Ed Young e Mark Driscoll têm buscado vencer a corrida armamentista sexual mostrando que os cristãos têm um sexo melhor. Essa tem sido uma luta perdida, como bem sabe qualquer pessoa que analise dados de pesquisas sobre atitudes na ética sexual.

Faríamos melhor se aprendêssemos com o exemplo da igreja primitiva. Como a igreja de hoje, a igreja primitiva se encontrava em uma cultura obcecada por sexo e bastante hostil às ideias cristãs sobre sexualidade. Porém, ao contrário dos evangélicos de hoje, que muitas vezes lidaram com essa situação adotando muitos dos valores e hábitos do contexto cultural, a igreja primitiva se inclinou para a estranheza dos ensinamentos sexuais cristãos. Em particular, a igreja primitiva destacou a beleza e a centralidade do celibato como um testemunho cristão essencial na vida da igreja porque, enquanto o casamento falava às necessidades naturais das pessoas, o celibato falava ao espiritual, ao eterno. O casamento chama nossa atenção para o bem da ordem criada tal como existe e é confirmado por Cristo em sua ressurreição. O celibato, no entanto, chama nossa atenção para o bem do mundo vindouro, quando não nos casaremos mais ou nos daremos em casamento, pois veremos a Deus.

Se você pesquisar os pais da igreja, encontrará muitos tratados sobre a santidade e a beleza da virgindade e da castidade.[109] Para a igreja primitiva, o casamento era um grande bem. Ele forneceu o espaço no qual as intenções de Deus para a sexualidade podem ser realizadas e desfrutadas, bem como o meio pelo qual a família humana é reproduzida e educada para conhecer a paz e a alegria que Deus oferece ao seu povo. No entanto, o casamento não era o único bem possível que uma pessoa poderia buscar em relação à sexualidade. Ao abraçar a castidade, os cristãos podem mostrar ao mundo que existe um amor maior do que o de um marido e sua esposa, ou de um homem e sua amante. A castidade testemunha o amor de Deus e o prazer singularmente satisfatório de se entregar totalmente ao serviço do Senhor, o que se poderia fazer se estivesse livre das obrigações do casamento e da vida familiar. Ambrósio, pai espiritual e mentor de Agostinho, escreve de forma bela sobre esse chamado único em seu tratado sobre a virgindade, no qual comenta Mateus 22.30, onde Cristo diz que na ressurreição não nos casaremos, mas seremos como os anjos:

> A virgindade trouxe do céu o que se pode imitar na terra. [...] E, de fato, o que eu disse não é meu, pois aqueles que

109 Veja, por exemplo: NISSA, Gregório de, "On Virginity", disponível em: www.newadvent.org/fathers/2907.htm, acesso em: 09 jun. 2022; ALEXANDRIA, Clemente de, "Two Epistles on Virginity", disponível em: www.newadvent.org/fathers/0803.htm, acesso em: 09 jun. 2022; MILÃO, Ambrósio de, "Concerning Virginity", disponível em: www.newadvent.org/fathers/3407.htm, acesso em: 09 jun. 2022; e HIPONA, Agostinho de, "Of Holy Virginity", disponível em: www.newadvent.org/fathers/1310.htm, acesso em: 09 jun. 2022.

> não se casam nem se dão em casamento são como os anjos no céu. Não nos surpreendamos, portanto, se forem comparados aos anjos que se unem ao Senhor dos anjos. Quem, então, pode negar que este modo de vida tem sua fonte no céu, que não encontramos facilmente na terra, exceto porque Deus desceu aos membros de um corpo terreno?[110]

A natureza igualitária do casamento cristão era uma espécie de bomba atômica na sociedade romana, mas pode ter sido o ensino cristão sobre o celibato o mais impressionante para muitos.

Primeiro, o celibato cristão sugere que, ao contrário do mundo romano e do nosso mundo contemporâneo, os desejos sexuais não são realmente ilimitados, nem incontroláveis. Eles podem ser deixados de lado quando se encontra um amor tão grande e consumidor que os desejos sexuais são inferiores ao deleite desse novo amor — o amor de Deus. Ao contrário daqueles que veriam a expressão sexual "autêntica" como essencial para uma vida boa, a castidade cristã sugere que a vida boa pode ser vivida sem qualquer experiência sexual. Em nossos dias, quando o "direito ao sexo" às vezes é debatido e uma crise de intimidade e pertencimento é tão óbvia sobre nós, a noção de um amor maior que o sexual é em si um poderoso testemunho da fé cristã.

Mas podemos dizer mais. Observe o que Ambrósio diz sobre esse amor casto. Onde está a sua origem? E como sabemos sua verdadeira forma? Sua origem, ele nos diz, está no céu entre os anjos. E nós na terra podemos conhecer sua forma e natureza porque esse amor casto desceu até nós na forma de Cristo. Para Ambrósio, o cristão celibatário está participando da vida do céu de uma maneira que o cristão casado não está e não pode participar.

---

110 Ambrósio de Milão, "Concerning Virginity".

Mas, diz Ambrósio, isso não significa que o celibato seja superior ao casamento. Tanto o casamento quanto o celibato são bens verdadeiros, e não há pecado em desejar o casamento. O que Ambrósio está dizendo é que a vida celibatária não é um chamado menor para pessoas incapazes de se casar. Ele é uma vocação que espelha a própria vida do céu; um meio pelo qual a vida do mundo vindouro — quando todos estarão unidos no alegre e exuberante amor de Deus — é trazida para o mundo de hoje. A pessoa celibatária, diz Ambrósio, é uma espécie de distorção do tempo que nos permite ver o futuro, quando veremos Deus como ele é e encontraremos toda a nossa satisfação e deleite nele.

De fato, nos diz Ambrósio, há até um sentido em que a própria igreja é uma visão de casta fecundidade, pois ela agora vive em uma espécie de "celibato", na medida em que ainda não se uniu a Cristo nas bodas do Cordeiro, que vem no final de todas as coisas na história cristã. Hoje a igreja é uma espécie de celibatário santo, testemunhando por meio de sua vida que o próprio Deus é totalmente satisfatório. Suspeito que, se mais igrejas tivessem essa visão de celibato, seriam muito mais receptivas a pessoas heterossexuais solteiras, bem como a pessoas atraídas pelo mesmo sexo que lutam com as reivindicações do ensino moral cristão.

Assim, ao falar sobre como o cristianismo refuta a Revolução Sexual, não estamos simplesmente falando sobre marido e mulher em uma família cristã e como seu relacionamento sexual confunde os revolucionários ao colocar o sexo em seu devido lugar (embora faça isso). Também devemos falar sobre os outros membros das famílias e igrejas cristãs — as pessoas celibatárias que, no mínimo, ainda não são casadas e podem nunca se casar. Se os cristãos devem oferecer uma alternativa crível à Revolução Sexual, será apresentando uma visão abrangente da pertença cristã que não apenas discerne o lugar correto da abordagem sexual na vida das pessoas humanas, mas também discerne as origens celestes da vida celibatária para aqueles que são castos. Uma réplica cristã à Revolução Sexual destacará não apenas como a revolução degrada o que é natural, mas também como ela obscurece o sobrenatural.

CAPÍTULO

9

O MUNDO EM ÍCONES RACHADOS

Milagre, morte e o fim de todas as coisas

NA NOITE DE 6 de dezembro de 2015, fui à casa dos meus pais para lhes dar um presente de aniversário de casamento que eu havia feito naquela noite — um pão suíço recheado com uma mistura de pêssego e damasco e coberto com glacê de damasco. Minha esposa, Joie, e as crianças estavam fora da cidade no fim de semana, e eu usei o tempo para cozinhar. Era seu trigésimo primeiro aniversário: fazia 31 anos desde o dia em que se casaram na casa que se tornou o lar deles desde então.

Meu pai não estava se sentindo bem. Ele estava lutando com a falta de ar durante todo o fim de semana e havia tido várias crises de dor no peito. Este tinha sido um problema persistente durante todo o verão, o que o levou, depois de muito convencimento de minha mãe, a visitar o médico no início do outono. Eles o diagnosticaram com alguns coágulos de sangue nas pernas, causados por um pequeno buraco no coração, e agendaram o que era, relativamente falando, uma pequena cirurgia para o dia 14 de dezembro. Ainda estávamos nervosos — afinal, a cirurgia cardíaca é assustadora —, mas, de forma geral, de bom humor e ansiosos por um Natal que pareceria mais próximo do que o normal. Seria especialmente significativo para nós, porque era o primeiro Natal do nosso novo filho que recebeu o nome do meu pai. Este seria o primeiro Natal de papai com um neto e o primeiro Natal com seu xará.

Então não nos preocupamos muito com a saúde dele naquela noite. Comemos um pouco do bolo e um ou dois biscoitos que a irmã dele havia trazido no início da noite. Assistimos a alguns vídeos engraçados de animais no YouTube. Eles perguntaram como foi a viagem de Joie para visitar a família de sua irmã e se ela ainda estava planejando voltar no dia seguinte. Meu pai e eu conversamos sobre alguns projetos que queríamos tentar na casa que Joie e eu tínhamos acabado de comprar, e que esperávamos concluir em alguns meses, a depender da inspeção. Então eu dei um abraço nos dois, me despedi e fui para casa.

Na manhã seguinte fui trabalhar. Por volta do meio-dia, nosso corretor ligou: a casa havia falhado na inspeção. A venda foi cancelada. Uma hora depois minha mãe ligou. Meu pai tinha piorado, tanto que não conseguia subir as escadas sem parar no patamar no meio do caminho para recuperar o fôlego. Ela finalmente o convenceu a ir para o hospital. Então, eles entraram na van e ela o levou para o mesmo hospital onde nosso filho havia nascido oito meses antes. Ela disse que ele estava bem agora e que eu não precisava me preocupar, mas me pediu para orar.

Fui vê-lo depois do trabalho e o encontrei ligado ao oxigênio e parecendo um pouco pálido, mas de resto estava tudo bem. Ele estava de bom humor. A equipe médica estava avaliando sua condição e descobrindo que tratamento adicional ele precisava além das medicações que já haviam administrado. Foi só mais tarde que mamãe e eu soubemos que ele estava entrando em choque. Os coágulos de sangue, descobriu-se, não se limitavam às pernas. Havia um grande número de coágulos em seus pulmões que os médicos não haviam detectado durante os exames anteriores.

Mas ainda não sabíamos disso. Então saí, jantei e voltei para o hospital. A cor dele estava melhor. Alguns amigos tinham vindo visitá-lo. Alguns de seus companheiros de caça haviam trazido um boneco do Elvis Presley para o quarto dele.

Mais tarde, minha mãe me contou que, pouco antes de eu chegar, os médicos deram a ele uma droga altamente agressiva para deter os coágulos em seus pulmões. Os coágulos tinham sido tão graves que esse método extremo parecia o único capaz de eliminá-los, pois, se fossem deixados por conta própria, eles poderiam tê-lo matado. Dei-lhe um beijo de despedida e fui para casa. Pouco depois, Joie e as crianças voltaram. Colocamos nossos filhos na cama, conversamos um pouco sobre a viagem e depois fomos dormir.

Algumas horas depois, por volta das 2h30 da manhã, enquanto eu dormia, meu pai chamou uma enfermeira quando caiu no chão. Ele disse que sentiu seu lado esquerdo ficar dormente. O hospital ligou para minha mãe, que correu para lá e passou cerca de trinta minutos com ele antes que ele perdesse a consciência. Devido às drogas que lhe deram para lidar com os coágulos em seus pulmões, papai sofreu uma hemorragia cerebral maciça. Havia tanto sangue em seu cérebro que ocorreu um deslocamento de oito centímetros dentro de seu crânio. Tendo algum conhecimento do que estava acontecendo com ele, uma das enfermeiras avisou minha mãe sobre o que o futuro poderia trazer. “Vai ser uma longa jornada”, disse ela.

Acordei às sete da manhã seguinte e encontrei uma mensagem de voz da minha mãe — de alguma forma eu tinha dormido com várias ligações dela durante a noite. Sua voz estava fraca, e era claro que ela estava chorando. Ela disse que houve complicações durante a noite. Papai não estava consciente. Eles o estavam levando para um hospital diferente naquela manhã, um perto de onde Joie e eu morávamos, para uma cirurgia cerebral de emergência. Expliquei rapidamente a situação para minha esposa, mandei uma mensagem para meu chefe dizendo que não estaria presente naquele dia e dirigi para o hospital. Minha mãe chegou alguns minutos depois — ela estava seguindo a ambulância do outro hospital. Eles levaram meu pai diretamente para a cirurgia antes que eu pudesse vê-lo.

Ficamos sentados na sala de espera do andar de baixo por cerca de noventa minutos, esperando a palavra dos cirurgiões e imaginando se seria "nós o perdemos". Enviei algumas mensagens de texto e e-mails pedindo aos amigos que orassem. Um pastor e um presbítero de nossa igreja vieram nos ver e orar conosco, assim como uma mulher da antiga igreja de meus pais. Por volta das 9h30, o cirurgião saiu. Ele disse que a cirurgia foi bem-sucedida e que meu pai estava agora na UTI se recuperando. Ele disse que eles deixaram um tubo que poderia drenar o excesso de sangue em seu cérebro para que a pressão não aumentasse novamente. Então minha mãe e eu subimos para o segundo andar, onde conversamos com um médico e uma enfermeira da UTI.

Eles explicaram que meu pai não estava consciente, que estava se recuperando e que estavam em processo de resfriamento de seu corpo a 33 graus para ajudar a reduzir a tensão geral e aumentar as chances de uma recuperação positiva.

Uma enfermeira nos disse que era impossível prever qual seria seu prognóstico a longo prazo. Ela disse que dois pacientes com fatores de saúde idênticos e uma lesão cerebral idêntica podem responder de maneiras totalmente diferentes — um pode se recuperar completamente e voltar ao trabalho enquanto o outro pode passar o resto da vida em uma cama de hospital.

E então mamãe e eu fomos para a UTI e encontramos papai no quarto 217, entubado e com vários outros tubos e fios presos ao corpo, incluindo algumas sondas e um tubo saindo de sua cabeça. Metade de sua cabeça havia sido raspada, e agora ele tinha um corte feio onde os cirurgiões fizeram a incisão que salvou sua vida. Havia uma série de máquinas de um lado da cama e duas cadeiras do outro.

Nos próximos dias, aprenderíamos o significado de quase todos os números em todas as máquinas. Aprendemos, como a maioria das pessoas com um ente querido em cuidados prolongados na UTI, a olhar os números de vez em quando, tentando discernir como ele estava na ausência de qualquer outra forma de saber. E assim começaram três semanas, depois seis meses e depois doze meses que nossa família jamais esquecerá.

Eles mantiveram a temperatura do meu pai em 33 graus por cinco dias — dois a mais do que haviam planejado originalmente porque sua resposta inicial foi muito ruim. Uma vez que sua temperatura foi diminuída com sucesso, eles começaram duas vezes ao dia as "férias da sedação", momentos em que reduzem drasticamente os medicamentos de sedação que o paciente está recebendo e verificam se há sinais de atividade cerebral.

Eles fizeram isso a partir de uma variedade de métodos, chamando seu nome em voz alta ou apertando firmemente os dedos das mãos e dos pés para verificar uma resposta reflexiva à dor. A princípio, papai não respondeu nada. No quinto dia, ele estava começando a reagir, mas sua resposta foi limitada. Na melhor das hipóteses, disseram os médicos, tentariam acordá-lo e ele abriria os olhos. Mas não foi isso que vimos. Papai só respondia se os médicos apertassem seus dedos das mãos e dos pés com tanta força que ele desenvolveu hematomas nessa região. Em seguida, seu corpo paralisava — particularmente, seus ombros se levantavam em direção às orelhas — em uma tentativa de se livrar da dor.

Esses resultados sugeriram que ele tinha atividade cerebral mínima — níveis que geralmente significavam que ele não iria sobreviver. Os médicos o mantiveram frio por esses dois dias adicionais, o mais longo que puderam sem arriscar outros danos ao seu corpo, esperando que talvez esse tempo adicional pudesse ajudar a melhorar as poucas chances que ele tinha. No meio de tudo isso, lembro-me de ligar para o escritório do plano de saúde estatal para obter informações sobre o tipo de opções de cobertura que podemos ter para cuidados de longo prazo. Quando descrevi sua condição, o funcionário do plano de saúde disse que nosso melhor cenário era provavelmente ele vivendo seus dias em uma casa de repouso.

Naquela primeira semana na UTI, minha mãe chegava ao hospital entre sete e oito da manhã. Eu chegava por volta das nove. Nós ficávamos lá o dia todo e depois voltávamos na manhã seguinte para fazer tudo de novo. Fomos inundados de visitantes basicamente o dia todo — pessoas prestando homenagem, expressando preocupação, querendo mais uma chance de vê-lo. Boa parte do nosso tempo consistia em receber as pessoas e, especialmente para mim, levar as pessoas de volta para visitá-lo, muitas vezes com a suposição de que essa seria sua chance de dizer adeus. Um homem da igreja desmoronou ao lado da cama de papai quando o viu. Essa foi e é a única vez que o vi chorar.

Dentro de um ou dois dias, ficou óbvio que o papel que mamãe e eu teríamos durante o dia era ser um facilitador para outras pessoas, dando-lhes alguém para expressar sua dor, alguém para receber o cuidado que desejavam desesperadamente dar, mas sentiam-se impotentes para oferecer, dada a sua própria falta de controle na situação e o estado de coma do meu pai. As noites eram quando podíamos ter nosso próprio tempo com ele. Durante todo esse tempo, só consigo me lembrar de dois longos momentos que tive a sós com papai em seu quarto. Em uma das minhas duas noites com ele, sentei-me ao lado de sua cama e li para ele — primeiro algumas passagens que eu amava especialmente no *Senhor dos Anéis* de Tolkien. Parecia apropriado, pois há muito sobre meu pai que me lembra Sam Gamgee — o personagem facilmente esquecido cuja virtude silenciosa muitas vezes passa despercebida, mas que na verdade é a melhor pessoa da história. No final, o que resgata a missão não é a força ou a grandeza dos outros heróis, mas a tenaz e inflexível bondade de Sam, que mata a grande aranha por amor ao seu mestre, que invade a torre escura para resgatar seu amigo, que carrega seu mestre quase morto nas costas quando Frodo não tem mais nada a oferecer. Depois eu li *A Divine Cordial*, um tratado sobre Romanos 8.28 ("todas as coisas cooperam para o bem") escrito pelo puritano do século 16, Thomas Watson. As palavras eram tanto para mim quanto para ele:

> Assim como o arado prepara a terra para a colheita, as aflições nos preparam e nos fazem encontrar a glória. O pintor coloca seu ouro sobre cores escuras, então Deus primeiro coloca as cores escuras de uma aflição, e depois coloca a cor dourada da glória. O odre é primeiro temperado antes que o vinho seja derramado nele: os odres de misericórdia são primeiro temperados com aflição, e depois o vinho da glória é derramado.[111]

Quando me sentei com meu pai, agradeci. Eu não sabia se voltaria a falar com ele, então fiz questão de contar tudo o que precisava, mesmo que ele não conseguisse ouvir. Eu disse a ele que ele foi fiel a mim, a minha mãe, ao seu povo, ao seu lugar e, finalmente, ao Senhor. Agradeci a ele pelo legado que me deixou, por ser o tipo de pai que sai de carro por toda aquela escuridão e todo aquele frio para resgatar seu filho. Eu disse a ele que esperava deixar algo assim para meus filhos, incluindo nosso filho de oito meses que levava seu nome.

Em nossa outra noite juntos, fizemos algo muito mais mundano: assistimos ao jogo do Nebraska contra a UCLA (um jogo que continua sendo a última vitória do Nebraska, enquanto escrevo isso vários anos depois). Lembro-me de pensar que era o tipo de jogo que ele adoraria — a UCLA era mais rápida que nós, certamente mais impressionante. Mas nós os desgastamos com um jogo muito corrido. Nós fomos pacientes. Mantivemos o que fazíamos bem. Não erramos. E no final, vencemos. Foi uma vitória

111 WATSON, Thomas. *All Things for Good.* Edimburgo: Banner of Truth Trust, 1986, p. 32.

por excelência de Nebraska, incorporando todas as melhores virtudes do meu estado natal, virtudes que ficaram profundamente impressas na vida dos meus pais. Por tudo isso, eu esperava que esse fosse um longo adeus, que Deus estivesse dando a nós e aos nossos amigos muito tempo para estar com ele antes que ele fosse tirado de nós, uma chance de dizer todas as coisas que precisavam ser ditas antes do fim.

Então algo inesperado aconteceu.

Em 23 de dezembro, apenas alguns dias depois que um médico aconselhou minha mãe a começar a fazer os preparativos para o funeral, meu pai acordou. Ele só conseguia abrir um olho.

Seis dias depois de papai abrir um olho, ele foi transferido para o Hospital de Reabilitação Madonna, a alguns quilômetros do hospital onde passou as últimas três semanas. (Ele acabaria se referindo a essas semanas como "a soneca mais cara que já tive".) Quando chegou ao hospital, não conseguia respirar de forma independente, não conseguia engolir, não conseguia mover nenhum de seus membros e não tínhamos ideia se ele chegaria em casa.

Com o tempo, outras partes de seu corpo começaram a acordar. Com a ajuda de terapeutas, ele foi desmamado do respirador e começou a respirar por conta própria. No início, ele se limitou a uma dieta líquida, depois a uma dieta líquida com um agente espessante adicionado para torná-la um pouco mais próxima da comida real. Eventualmente, fomos capazes de começar a trazer algumas de suas refeições favoritas. Lembro-me de uma vez trazer churrasco depois que saí do trabalho.

Outras partes de seu corpo também começaram a recuperar funções limitadas. Um dia, ele estendeu o braço direito pelo corpo e coçou a bochecha. Minha mãe ficou encantada e disse: "Rob, você mexeu o braço!", levando meu pai a responder, do seu jeito típico: "Estava coçando". Um dia, um pastor e um presbítero de sua igreja vieram visitá-los, e minha mãe queria que papai lhes mostrasse o que ele havia começado a fazer de novo:

empurrar com a perna direita. Com os visitantes sentados, ela deslizou ao lado da cama de meu pai e apoiou a perna direita dele, empurrando a palma da mão contra a planta do pé dele. "Empurre, Rob", ela disse. Nada aconteceu. "Empurre", ela disse novamente. "Estou tentando", disse meu pai.

Depois de mais alguns segundos sem sentir nenhuma pressão contra a palma da mão, mamãe abaixou a cabeça enquanto mantinha a palma da mão contra o pé do papai para que ele não caísse no chão. Ela estava se lembrando novamente do longo caminho que estava diante deles e quase começou a chorar, perguntando-se por que a perna que tinha começado a funcionar de novo no dia anterior agora parecia não responder.

E então ela ouviu risos e olhou para cima. Papai, sendo alguém que adorava uma piada, empurrou a mão dela para trás com a perna e depois começou a rir novamente. Ambos os visitantes também começaram a rir, e logo minha mãe se juntou a eles.

Como parte do tratamento, meus pais foram convidados a fazer parte de um grupo de apoio para sobreviventes de derrame e seus cuidadores. Muitas vezes, nessas reuniões, os sobreviventes e os cuidadores se dividiam em grupos separados, pois as experiências são bem diferentes. Para os sobreviventes de AVC, as lutas são mais óbvias: como recuperar o que pode ser recuperado, como continuar trabalhando na terapia, como viver com a realidade do que foi perdido.

Os cuidadores, em contraste, lutam mais frequentemente com a fadiga e com um tipo diferente de desespero. Para os cônjuges em particular, o trabalho de cuidar de um marido ou uma esposa com deficiência pode ser incrivelmente desgastante emocionalmente — e confuso também. Afinal, sua vida também foi alterada por sua enfermidade. Eles perderam sua independência, mas você também — e você não tem uma equipe de terapeutas tentando ajudá-lo na recuperação. Seu corpo não mudou. Em teoria, não há nada que impeça você de sair pela porta do hospital e tentar recuperar uma vida normal — nada além de seus votos de casamento.

Tragicamente, há pessoas que fazem exatamente isso. Embora possamos ter alguma empatia por pessoas levadas a tal desespero que deixar seu parceiro parece a única escolha que elas têm, também devemos reconhecer que há algo grave acontecendo toda vez que um parceiro se afasta. Essa foi a luta com a qual um cuidador estava lidando durante um dos grupos de apoio dos meus pais. Finalmente, em um momento de honestidade e profundo desespero, ele disse: "Eu não me comprometi com isso!".

O problema de dizer isso — minha mãe disse mais tarde quando me contou a história — é que na verdade ele havia se comprometido. Fazer votos de casamento é se comprometer com isso. Ao se ligar à esposa, esse homem se comprometeu em ser um cuidador, quer percebesse ou não. Minha mãe sabia disso e manteve os votos que fez. Ela se manteve — e ainda se mantém — fiel.

Cinco meses depois de chegar ao hospital, meu pai deu seus primeiros passos desde aqueles que o haviam levado para o hospital por conta própria naquele terrível dia de dezembro. No vídeo que minha mãe fez naquele dia, ele se levantou lentamente da cadeira de rodas com a ajuda de dois terapeutas, um de cada lado. Ele estava vestindo um moletom cinza — a coisa mais fácil de se trocar para alguém com sua falta de mobilidade — e uma cinta de ombro marrom no braço esquerdo para manter o ombro em articulação. Como seu lado esquerdo ainda estava quase completamente paralisado, seu braço pendia mole e, com o tempo, isso faz com que o ombro se desloque. Ele também usava uma cinta azul no peito — uma cinta robusta usada sob os braços para ajudar a levantar da cama ou de uma cadeira de rodas. Ele também usava sapatos especiais e tornozeleiras, que ajudavam a estabilizar suas pernas e seus pés. Ele não tinha (e ainda não tem) força suficiente nos tornozelos para ficar de pé ou andar sem aqueles sapatos. Finalmente, esticada sobre a ponta do sapato esquerdo estava uma máscara cirúrgica azul, destinada a reduzir o atrito enquanto ele tentava andar, o que ele só seria capaz de fazer se conseguisse balançar a perna esquerda para a frente do quadril, já que ele não havia recuperado nenhum movimento na própria perna.

Inicialmente, ao se levantar, ele apenas ficou de pé e olhou ao redor, apoiado por seus terapeutas. Então, deu um passo com o pé direito. O terapeuta do lado esquerdo deu uma cotovelada no pé esquerdo e ele deslizou para a frente. Mais um passo certo. Outra cutucada e outro deslize com a esquerda. E assim começou. Depois de dez passos, ele olhou em volta por um momento e disse: "Desculpe, eles são tão pequenos".

Meses antes, quando ele estava acordando e lutando para simplesmente comer alimentos sólidos, eu estava colocando minha filha na cama. Ela tinha apenas três anos na época. Depois de fazer algumas perguntas sobre o "vô" e o que ia acontecer com ele, seu rosto ficou sério. Ela olhou para mim e disse: "Um passo de cada vez".

— O quê? — perguntei.

— Um passo de cada vez. Isso é o que dizemos ao vô.

E assim dissemos a ele. E assim ele fez — e faz.

Com o tempo, papai voltaria para a casa que seu casamento construiu e pertenceu desde que fizeram seus votos em 1984. Seus dias são difíceis — e eram antes da covid-19. Meu pai está limitado. Grande parte do seu lado esquerdo permanece paralisado, o que significa que ele foi privado de muitas coisas que amava neste mundo, não menos importante, a visão de um cenário campestre nas primeiras horas da manhã enquanto ele estava sentado em uma árvore, procurando por veados, mas observando, ainda mais, a beleza do mundo de Deus que ele amou com um ardor que eu sei que fazia Deus sorrir. Alguns elementos de seu chamado permanecem os mesmos: ele ainda é chamado a ser marido, pai e avô. Ele pode e ainda ajuda a criar nossos filhos. Ele ensina arco e flecha aos nossos filhos e fala com eles sobre conservação e o mundo natural. Ele é o cara para quem eu ligo quando tenho problemas com o carro ou um projeto de reparos em casa que está me deixando perplexo. Mas muita coisa também mudou. De muitas maneiras, sua principal vocação agora é dar testemunho da suficiência de Cristo em seu estado limitado. Sua vida — ainda mais do que normalmente acontece para qualquer cristão — tornou-se um testemunho do poder sustentador da graça divina.

Minha mãe, que também tem problemas de saúde, administra a casa agora — não apenas as tarefas domésticas, o que ela sempre fez, mas também as finanças e a manutenção da casa, além de ser uma cuidadora em tempo integral. Eu ajudo como posso, assim como vários amigos fieis há muitos anos. Mas não há um final de conto de fadas para essa história, pelo menos não ainda. Meu pai não vai, salvo algo totalmente imprevisto, subir em uma árvore novamente nesta vida. Mamãe e papai não conhecerão as delícias de viajar juntos. Minha mãe continuará carregando o peso que apenas cuidadores em tempo integral podem entender.

Então, como eles prosseguem?

Certa manhã, antes de meu pai acordar na UTI, quando pensávamos que em breve poderíamos estar planejando seu funeral, minha mãe me pegou a caminho do hospital. Embora estivéssemos juntos constantemente desde a lesão de meu pai, não tivemos muitos momentos de silêncio para conversar devido ao fluxo constante de visitantes. Quando nos sentamos no estacionamento, mamãe me contou uma história.

Cerca de um mês antes de ir para o hospital e tudo isso começar, meu pai estava se sentindo mal e com dificuldade para respirar. Era um sábado e ele estava planejando ajudar uma jovem que eles conheciam da igreja a transportar alguns móveis. Meus pais se tornaram próximos dela e sabiam um pouco de sua história — em particular que seu pai não estava realmente por perto quando ela era mais nova. Ela passou praticamente toda a sua vida sem uma presença masculina mais velha e carinhosa. Embora eu seja o único filho de meus pais, eles ainda têm vocação para pais e muitas vezes se aproximaram de pessoas como essa jovem, que nunca conheceu a segurança que vem de receber cuidados atenciosos dos mais velhos. Então, minha mãe conversou com ela sobre muitas coisas, oferecendo conselhos e orientações, como ela já fez com inúmeras outras pessoas.

Meu pai, por sua vez, fez o que sempre fez: colocou-se à disposição de quem precisava de ajuda. Ele havia feito planos com essa jovem para buscá-la em sua caminhonete — uma velha picape branca que rugia pela cidade aonde quer que fosse, e que havia pintado com um padrão de camuflagem de inverno com tons marrons claros e escuros. Eles iriam juntos para pegar os móveis, colocá-los na caminhonete e trazê-los de volta para a casa dela. Mas agora, na manhã da mudança, ele não conseguia respirar.

Mamãe disse para ele ficar em casa. "Ela vai entender por que você não pode ir se você apenas disser a ela como você está doente", ela disse a ele enquanto ele lutava até a porta, amarrava os sapatos e pegava as chaves.

Ao sair, ele olhou para minha mãe e disse: "Ela já se decepcionou o suficiente com homens na vida. Eu não vou fazer isso com ela. Eu disse a ela que ajudaria. E vou ajudar". E saiu pela porta. Poucas horas depois, ele voltou para casa. Os móveis foram transportados.

Minha mãe olhou para mim no carro, com lágrimas nos olhos, e disse: "Esse é o tipo de homem que o seu pai é". Como costuma acontecer nesses casamentos, esse também é o tipo de mulher que a minha mãe é.

Por que estou lhe contando tudo isso? Não é porque eu vejo um foco mais próximo na família como uma solução em si para a falta de moradia e a busca de pertencimento da nossa cultura. Essa foi a estratégia de uma geração anterior de cristãos americanos: tentar fazer da própria família nuclear um refúgio em um mundo sem coração.

Mas essa estratégia não funcionou por dois motivos. Primeiro, a família nuclear não pretende ser uma coisa dessas. Ela não deve existir como refúgio de paz e abrigo em meio a um mundo violento e traiçoeiro. Pelo contrário, deve ser o meio pelo qual o mundo pacífico é renovado e preservado. A face da família não é e não pode ser colocada contra o mundo. Em vez disso, deve olhar para o mesmo objeto que o próprio mundo — para a bondade da terra verde de Deus, para a paz que Deus criou, que governa o mundo e, finalmente, para o próprio Deus, o todo-suficiente, o doador da vida. Em última análise, a família e a terra olham juntas para a consumação final, quando o rei retornará e todas essas coisas serão corrigidas. Pressupor um conflito ou mesmo uma incompatibilidade entre a vida da família e a vida do mundo é condenar a família ao fracasso porque a vida da família está inextricavelmente envolvida na vida do mundo.

Meu objetivo ao contar essa história é mais modesto. Em um de seus ensaios, G. K. Chesterton promete a seu leitor incendiar a civilização moderna usando apenas o cabelo de uma órfã ruiva na rua. Ele começa simplesmente apresentando uma série de silogismos, iniciando com um argumento sobre a necessidade de um lar limpo para crianças pequenas e terminando com a redistribuição da propriedade. Então, ele diz:

> Aquela menininha de cabelos ruivos dourados, que acabei de ver passar cambaleando pela minha casa, não deve ser cortada, aleijada e vitimizada; seu cabelo não será cortado curto como o de um condenado; não, todos os reinos da terra serão cortados e mutilados para se adequar a ela. Ela é a imagem humana e sagrada; ao seu redor, o tecido social balançará, se dividirá e cairá; os pilares da sociedade serão abalados, e os telhados das eras cairão, e nem um fio de cabelo de sua cabeça será ferido.[112]

Chesterton começa com a dignidade inviolável de uma criança pequena e, a partir daí, derruba praticamente todo o sistema

---

112 CHESTERTON, G. K. *What Is Wrong with the World*. São Francisco: Ignatius, 1994, p. 194. [Edição em português: *O que há de errado com o mundo*. São Paulo: Editora Ecclesiae, 2013].

social da Grã-Bretanha de sua época, pela simples razão de que o sistema social não respeitava a dignidade daquela criança órfã. Esse fato por si só já era suficiente para condenar o regime daquele dia.

A história de uma família em um lugar vivendo fielmente em meio a dificuldades por muito tempo pode funcionar de maneira semelhante, mas oposta. Grande parte do motivo de nossa falta de moradia hoje é que imaginamos o mundo errado. Imaginamos um mundo sangrento de dentes e garras, frio e sem coração, em que o único caminho para a segurança pessoal básica, sem falar em objetivos mais elevados, é cuidar de si mesmo e confiar nas instituições de nossa sociedade para cuidar de você.

Assim, definimos nossas identidades independentemente de qualquer envolvimento profundo com a terra ou com o próximo. Isso ocorre de maneira natural para nós, afinal. Estamos fazendo isso há muito tempo. E quando a natureza reage, como acontece, nós a arrasamos. Sempre há mais cumes de montanhas para explodir para acessar o carvão, mais córregos para poluir, mais *habitats* para destruir, mais animais para matar em nossa busca por paz pessoal e lucidez. E quando a exploração da terra não funciona, recorremos a outras formas de nos estabelecer sem levar em conta o próximo. Praticamos sexo egoísta e passamos por parceiros sem votos, sem fidelidade, sem frutificação. Nós até mesmo rasgamos nossos próprios corpos por meio de drogas e cirurgias, tudo em busca de uma paz que nos fazem conhecer, mas pela qual lutamos para alcançar.

E agora, enquanto enfrentamos um mundo que está se aquecendo rapidamente e, ironicamente, tornando-se hostil à vida, e enquanto enfrentamos nossa solidão, nossa ansiedade, nosso desespero e nossa doença mental — o que acontecerá então? Mais tecnologia? Mais instituições? Mais liberação?

Eu quero pensar que há uma alternativa para isso. Já falamos sobre a emoção de encontrar a realidade, de como é correr por um campo enquanto o ar passa. Essa é uma maneira de encontrar a realidade. E, no entanto, é claro, se isso é tudo sobre o que falamos ao defender a maravilha da realidade e a bondade dos vínculos e afetos que envolvem a condição da criação, então pode parecer um truque barato. Os prazeres juvenis são fáceis de defender. As virtudes da fidelidade, mesmo em tempos de dor indescritível, são muito mais difíceis de observar e, para muitos, ainda mais difíceis de imitar.

O que espero que a história da minha família sugira a você é que há bondade na vida corporal, mesmo quando o corpo está arruinado. Há algo de verdadeiro em vincular nossa vida à vida do mundo, mesmo que isso exija abrir mão do nosso caso amoroso com a ficção de uma energia barata sem fim. Há beleza na fidelidade conjugal, mesmo quando ela tem um custo. Há algo revigorante e delicioso em deixar-se definir pela nossa vizinhança e pelo nosso próximo, mesmo quando isso significa que perdemos um pouco da nossa autonomia. E se posso ver, de forma abstrata, que essas coisas podem ser boas e até sagradas, quero desesperadamente acreditar que existem exemplos tangíveis no mundo que posso apontar para legitimar e validar essas esperanças. E então me lembro de que elas existem — porque conheço meus pais.

O teólogo do século 8 João de Damasco sugere que os ícones podem ser uma espécie de ferramenta devocional. Eles não devem ser adorados em si mesmos. Em vez disso, eles servem como uma maneira tangível de primeiro atrair nosso olhar e depois direcioná-lo para algo além, como a luz ricocheteando em um espelho. Não é preciso concordar com tudo o que João diz sobre ícones para reconhecer a utilidade de uma imagem.

Pessoas cristãs comuns como meus pais são uma espécie de ícone tanto da comunidade cristã quanto do próprio amor de Cristo. Nossa visão pode ser refletida sobre eles e para cima em direção a algo maior. De fato, a imagem da luz refletida nos espelhos talvez seja instrutiva. Os antigos egípcios às vezes usavam espelhos como uma espécie de truque de iluminação, montando uma série de espelhos em uma sala para que um espelho pudesse receber a luz de fora e refleti-la nos outros espelhos, fornecendo luz para toda a sala.

Pessoas comuns vivendo uma vida fiel em um lugar – suportando o que não pode ser alterado e trabalhando para resolver o que pode ser – nos oferece uma visão de como uma sociedade cristã renovada poderia começar. Essas pessoas não são um baluarte final contra a decadência ou os salvadores de uma nação cristã. São imagens de luz que podem, com o tempo, dar luz a todos, pois esses ícones funcionam em ambas as direções: dirigem nossa atenção para cima, em direção à fonte da luz que refletem, mas também iluminam os outros e, se forem muitos, podem iluminar salas inteiras, talvez até mundos inteiros.

CAPÍTULO

10

POLÍTICA ALÉM DAS REALIZAÇÕES

Em direção a uma política de cuidado

EM 1963, UMA enfermeira hospitalar de 34 anos e seu marido de 35 anos, um advogado, deram as boas-vindas ao seu terceiro filho. Essa criança em particular nasceu com um bloqueio intestinal — uma condição com risco de vida que tornaria sua alimentação impossível e, eventualmente, faria com que o bebê morresse de fome. No entanto, por meio de uma intervenção cirúrgica de risco relativamente baixo, o bloqueio pode ser eliminado e a criança pode sobreviver.

Mas a criança não sobreviveu.

Por que não?

Porque a mãe pediu para os médicos não fazerem o procedimento, e o pai consentiu, dizendo que a mãe sabia mais sobre esses assuntos. Por que a mãe tomaria tal decisão? Porque a obstrução intestinal não foi a única coisa "errada" com a criança. Ela era, na linguagem da época, um "mongoloide". Era assim que costumavam chamar as crianças com síndrome de Down, um termo que, como Justin Hawkins corretamente observou em seu ensaio "Dignity Beyond Accomplishment" [Dignidade além da realização], combinava racismo antiasiático com capacitismo, observando uma semelhança entre os olhos puxados de pessoas de ascendência asiática e os olhos igualmente inclinados comuns em pessoas com síndrome de Down.[113] A mãe pediu aos médicos que não interviessem para salvar a vida da criança porque "seria injusto com as outras crianças da casa criá-las com um mongoloide".[114] E assim a criança foi, de acordo com o especialista em ética James Gustafson colocada em uma sala ao lado, onde morreria de fome nos próximos onze dias.

Como Hawkins observou em seu ensaio, é difícil saber por onde começar nossa indignação com essa história. Estamos mais furiosos com os pais, ou com o fato de que isso aconteceu apenas 59 anos atrás, durante a vida de muitos americanos hoje? E, no entanto, por mais horrível que seja essa história, se pararmos por aqui, teremos parado cedo demais.

No artigo que ele escreveu e onde contou essa história horrível, o dr. Gustafson levantou uma questão hipotética sobre o caso: o que os médicos teriam feito se a criança não tivesse síndrome de Down e os pais fizessem a mesma escolha de não intervir para desobstruir o bloqueio? Os médicos teriam ido ao tribunal para salvar aquela criança? Eles teriam tentado anular os desejos dos pais e desobstruir o bloqueio, salvando assim a vida daquela criança hipotética? Os médicos disseram que, por aquela criança, eles teriam intervindo. Então, por que eles não tentaram tal intervenção para salvar essa criança com síndrome de Down? A resposta é uma das mais ferrenhas acusações ao modo de vida americano que já vi:

> Quando uma criança retardada [sic] nos apresenta o mesmo problema, surge um sistema de valores diferente;

113 HAWKINS, Justin. "Dignity Beyond Accomplishment". *Mere Orthodoxy*, 19 de janeiro de 2021. Disponível em: https://mereorthodoxy.com/dignity-beyond-accomplishment/. Acesso em: 09 jun. 2022.

114 GUSTAFSON, J. M. "Mongolism, Parental Desires, and the Right to Life". *Perspectives in Biology and Medicine*. Verão de 1973.

> e não apenas a equipe concorda com a decisão dos pais de deixar a criança morrer, mas é provável que os tribunais também o façam. Ou seja, há um padrão diferente. [...] Há essa tendência de valorizar a vida com base na inteligência. [...] [É] uma parte da ética americana.[115]

É para aqui que todo o nosso pensamento revolucionário e modernista acabará por nos levar. Se não houver ordem natural no mundo, se houver apenas matéria-prima e nossa busca para controlá-la e dobrá-la a nossas necessidades e desejos, então aquelas pessoas que não têm a capacidade de exercer sua vontade no mundo dessa maneira terão vidas que simplesmente não valem a pena ser vividas. Não há espaço em tal mundo para os fracos ou pobres ou qualquer pessoa, realmente, que seja incapaz de exercer a força e o arbítrio necessários para assumir o controle do mundo. O valor de uma vida é derivado da capacidade da pessoa de projetar significado no mundo, de definir seu próprio conceito de vida, significado e existência. Se eles não podem fazer isso, qual seria a vida deles?

Isso obviamente não é de forma alguma um hábito mental cristão. É antes o contrário: o próprio pensamento de atribuir valor à vida humana com base nisso é demoníaco. E ainda estamos aqui. Embora tenhamos adotado uma linguagem mais suave para descrever pessoas com síndrome de Down nas décadas desde 1963, nosso tratamento em relação a elas piorou ao invés de melhorar. Como inúmeros estudos deixaram claro, nós ainda vivemos em uma sociedade que prefere matar o feto que provavelmente tem síndrome de Down do que dar um lugar para essa criança em nossas casas, em nossas cidades, em nossa nação. Uma história no *The Atlantic* analisou o destino dos bebês com síndrome de Down no mundo ocidental e descobriu que 88% dos bebês não nascidos com teste positivo para

115 Ibid.

síndrome de Down serão mortos antes que possam respirar pela primeira vez.[116]

Mas esse problema não é exclusivo de como lidamos com as pessoas com síndrome de Down. A questão mais ampla é esta: porque um certo nível de agência e realização é tratado como condição *sine qua non* de uma vida boa, as pessoas que não têm uma lista de realizações que poderiam orgulhosamente imprimir em um currículo são, na melhor das hipóteses, relegadas a um tipo de *status* de segunda classe. As pessoas com deficiência são mortas antes que possam nascer. Os idosos são colocados fora de vista e dos pensamentos. Os pobres são relegados a bairros específicos onde os ricos e bem-sucedidos não terão que interagir com eles regularmente, exceto talvez quando eles entregam suas compras ou lhes dirigem até o aeroporto.

Os cuidadores, por sua vez, também são desvalorizados e ignorados, pois o trabalho relacionado ao cuidado também não é reconhecido. Esse é o pressuposto fundador da sociedade em que vivemos hoje no mundo ocidental e particularmente nos Estados Unidos. A igreja cristã — se quiser ter alguma coisa a dizer a tal mundo — deve rejeitar sem acanhamento e de forma abrangente esse sistema de valores, e deve modelar entre nós um sistema de valores alternativo que forneça uma explicação mais saudável e bela do que se pode esperar em nossa vida junto com o nosso próximo. Essa é a tarefa diante de nós neste capítulo final: como devemos imaginar uma sociedade política que seria ordenada mais para o cuidado do que para a satisfação? Uma segunda pergunta segue a partir desta: como podemos falar sobre o evangelho e viver como cristãos em uma sociedade que pensa que é pós-cristã, mas nunca foi realmente tão cristã assim para começar?

---

116 ZHANG, Sarah. "The Last Children of Down Syndrome". *The Atlantic*. Dezembro de 2020. Disponível em: www.theatlantic.com/magazine/archive/2020/12/the-last-children-of-down-syndrome/616928/. Acesso em: 09 jun. 2022.

A SOCIEDADE CRISTÃ NO MUNDO

Se você pegar a linha Metro-North por noventa minutos saindo da Grand Central Station em Nova York, chegará a uma pequena cidade chamada Beacon. Ao descer do trem, você verá o rio Hudson vindo do Oeste. Cerca de vinte minutos a oeste de Beacon, você encontrará um lugar chamado Fox Hill. É uma comunidade de cristãos que pertencem aos Bruderhof, o mesmo grupo que conhecemos no capítulo sete. A sociedade deles advoga o pacifismo cristão e, pode-se dizer, se quisermos ser atrevidos (e muitos em Bruderhof querem), o comunismo cristão. Quando se junta à comunidade, você renuncia tanto à violência quanto à propriedade privada e faz votos vitalícios para ficar com a comunidade, participar de sua vida e promover essa vida da melhor maneira possível.

Se você visitar Fox Hill, encontrará um lugar que parece ser o que qualquer um deveria querer dizer quando usa a palavra *idílico*. Há colinas suavemente inclinadas, jardins cuidadosamente cuidados, atraentes caminhos sinuosos de tijolos por toda a propriedade, prados cheios de flores (é o que minha filha notou logo em sua primeira visita) e pessoas que o cumprimentam com um candor que, a princípio, parece artificial.

Mas não é.

À medida que você passa mais tempo lá, a profundidade da comunidade se anuncia repetidamente. Se você tiver sorte, se juntará a eles para um de seus cultos, onde você ouvirá centenas de pessoas de todas as idades cantando alegremente, espontaneamente e de cor, em harmonias de quatro vozes. Imagine uma espécie de coral e você terá uma ideia geral.

Então você pode visitar a fábrica que lhes fornece sua renda e a maioria dos membros com seu trabalho. Talvez você se depare com uma bancada de trabalho de formato estranho, visivelmente mais baixa que as outras e talvez com algumas outras modificações, cuja finalidade não é imediatamente óbvia. Eles lhe dirão que essa bancada é onde um membro idoso de sua comunidade trabalha, ou talvez seja uma estação de trabalho para um membro com deficiência.

A lição é clara: porque a família de Deus tem espaço para todos, nossa família também tem. "Abrir espaço" para as pessoas não é simplesmente uma questão de dizer as coisas certas, mas de tomar medidas práticas para realmente incluir os fracos, as pessoas com deficiência, os idosos e assim por diante. E assim, ao passear pela fábrica onde a comunidade faz os brinquedos e móveis que lhes provê renda, você encontra bancadas e espaços de trabalho modificados. A afirmação "todos pertencem a esse lugar" não são apenas palavras para Bruderhof. Ela se reflete nos espaços físicos em que a comunidade vive e compartilha uns com os outros.

Essa é uma maneira, embora reconhecidamente incomum, pela qual os cristãos têm tentado se orientar juntos no mundo, e oferecer uma alternativa ao sistema de valores impiedoso da América contemporânea. É assim que essa comunidade de crentes tentou viver em comunidade vidas de fidelidade e piedade comuns.

Alguns podem culpar a comunidade por "retirar-se" da sociedade e se tornar impotente evangelisticamente. Mas os membros da comunidade vão insistir que a divulgação pode ser mais ousada quando o centro da comunidade é mais forte. É precisamente porque priorizam as necessidades de sua comunidade que esses membros são capazes de acolher outros e servir seus vizinhos de inúmeras maneiras.

Outros podem dizer que esse é um projeto utópico. Se eles leram certos livros, as palavras *escatologia super-realizada* podem escapar de seus lábios, ou talvez algo sobre "imanentizar o *eschaton*". Tentar criar uma comunidade desse tipo antes da volta de Cristo não é, de acordo com esses críticos, nem sábio nem possível. E, no entanto, lá estão eles: cerca de 250 pessoas de todas as idades e de muitas etnias vivendo em comunidade no norte do estado de Nova York, mantendo todas as coisas em comum, curando a terra e reconhecendo que, como o título de um dos livros que publicaram, "todos pertencem a Deus".

Stanley Hauerwas disse que "em cem anos, se os cristãos forem identificados como pessoas que não matam seus filhos ou idosos, teremos feito bem".[117] A comunidade Bruderhof é uma expressão do mundo real desse compromisso básico com a vida. Diga o que quiser sobre seu socialismo ou seu pacifismo. Acuse-os de utópicos, se preferir. Tudo bem. No entanto, nunca se esqueça deste simples fato: nunca houve qualquer pensamento entre eles de que certas vidas não valem a pena ser vividas. Ninguém em Bruderhof jamais foi deixado para morrer por causa de uma deficiência ou afastado para viver seus últimos dias fora de vista e dos pensamentos. Eles não empurram seus pobres para partes designadas da cidade para que seus ricos não precisem vê-los — na verdade, eles não têm pobres ou ricos pelo simples motivo de não terem propriedade privada.

Ao contrário da "ética americana", que muitas vezes tem sido aceita de forma acrítica pelos cristãos americanos, a "ética Bruderhof" não levou à morte gritante e agonizante bebês de onze dias. E é por todas essas razões que eu acho que faríamos bem em aprender com o exemplo deles. Se o fizermos, a igreja americana poderá se tornar a sementeira de uma comunidade renovada, unida pelo amor e pela honra, o suficiente para enfrentar os desafios de nosso tempo. Mas se quisermos fazer uma coisa tão elevada, precisaremos adotar um modo de vida que pode parecer bastante estranho para muitos de nós. Dito de outra forma, nós cristãos americanos de comunidades cristãs mais assimiladas faríamos bem em ouvir as vozes de igrejas e tradições que nunca fizeram parte das principais correntes do cristianismo

---

117 HAUERWAS, Stanley. "Why Community is Dangerous". *Plough*. 19 de maio de 2016. Disponível em: www.plough.com/en/topics/community/church-community/why-community-is-dangerous. Acesso em: 09 jun. 2022.

americano. O caminho para a renovação fiel da vida comum é tornar-se "quase Bruderhof".

COMO SER QUASE BRUDERHOF

Ao longo da leitura, você pode ter se perguntado ou desejado me fazer esta pergunta bastante óbvia: por que não simplesmente se juntar ao Bruderhof ou a alguma comunidade anabatista semelhante que vive de acordo com regras de vida tão radicais? Aqui está o porquê: a única razão para um cristão não pertencer a uma comunidade como essa é porque eles pensam que a comunidade Bruderhof não espera muito de nossa vida comum, mas pouco.

Aqui, o exemplo de Martin Bucer, que conhecemos nos capítulos anteriores, é útil. Bucer relacionou-se com praticamente todos os principais líderes anabatistas da Reforma, já que todos passaram por Estrasburgo em um ponto ou outro por causa da generosa política de liberdade religiosa da cidade. De fato, numa época em que muitos reformadores perseguiam os anabatistas, Bucer amava muito muitos deles e trabalhava, tanto quanto podia, para manter relacionamentos positivos com eles.

Para dar apenas um exemplo, após o martírio do líder anabatista suíço Michael Sattler, Bucer o reconheceu publicamente como um irmão em Cristo, chamando-o de "um querido amigo de Deus" e elogiando sua sincera fé e piedade. Tal comentário teria sido impensável de praticamente qualquer um dos outros grandes líderes cristãos, protestantes ou católicos, na Europa na época.

No entanto, apesar de todo o seu amor por muitos de seus líderes, Bucer manteve-se contra os anabatistas: ele acreditava que sua decisão de se separar da igreja estabelecida de Estrasburgo e começar suas próprias congregações independentes foi um fracasso do amor cristão. Atrapalhou a vida da cidade ao romper a comunhão da igreja com a cidade. Além disso, colocou efetivamente em quarentena muitos dos crentes mais devotos do resto da vida da cidade.

Para Bucer, o amor cristão não é exclusivamente sobre as ações que alguém toma em relação ao seu irmão ou sua irmã. É também sobre associação. Bucer acreditava que, ao se retirarem da igreja e da vida civil da cidade, os anabatistas não cumpriram o mandamento de amar o próximo. Amar o próximo não era simplesmente desejar o bem deles ou agir com amor em relação a eles em situações individuais e pontuais. Tratava-se de uma vontade persistente de se associar uns aos outros, de defender a vida da cidade e o bem comum, particularmente dos pobres, mantendo as relações que tornaram a cidade forte.

O que é necessário hoje é que os cristãos se comprometam com suas cidades, seus bairros e seus locais de origem, como Bucer, ao mesmo tempo em que vincula esses compromissos à devota piedade e generosidade do Bruderhof.

Poderíamos dizer assim: se os mosteiros são lugares dedicados ao trabalho e à oração, o espírito da Reforma diz que todo o mundo deve se tornar um mosteiro — comunidades de pessoas definidas pelo bom trabalho e pela oração. A Reforma procurou abrir as janelas da igreja e levar o evangelho a toda a criação, elevando a vida cristã comum dos crentes e chamando todas as pessoas em todos os lugares para uma vida de discipulado cristão. É porque falhamos nesse trabalho que a ética do valor por meio da realização tornou-se ascendente em nossa cultura. É somente se nós, com a ajuda do Espírito Santo, tivermos sucesso nessa obra que essa mesma "ética americana" será lançada no inferno que merece e de onde veio.

Como tal trabalho pode ser feito? Existem três valores de Bruderhof que cristãos de todos os tipos devem aprender e adotar em suas próprias comunidades. Se fizermos isso, podemos começar a plantar as sementes que podem, com o tempo, crescer em um mundo renovado, marcado pelo cuidado e não pela realização.

QUEM PERTENCE?

Deitado em seu leito de morte, Martinho Lutero pronunciou suas últimas palavras: "Somos mendigos, isso é verdade". E assim é com a comunidade cristã: quem sabe ser um mendigo, desesperadamente necessitado de graça, passa a pertencer a ela.

Essa compreensão de pertencimento comunitário tem dois efeitos. Primeiro, é uma repreensão estimulante ao espírito de nossos dias, que vê uma espécie de aceitação generalizada das identidades autoescolhidas das pessoas como sendo não apenas uma questão de bondade pessoal, mas de justiça pública. De fato, há algo instrutivo no papel que a ideia de "orgulho" desempenha na política identitária contemporânea. Na comunidade cristã, nossos olhos são constantemente atraídos para nossa necessidade, nossa inadequação e a graça de Deus que tudo satisfaz e tudo restaura. Na comunidade cristã, somos rebaixados para que possamos ser elevados. Em comunidades mais contemporâneas, como elas são, nossa adesão começa, como um sinal popular que vejo muito nos arredores de Lincoln, afirmando que "você é o suficiente". Talvez não seja surpreendente que nossas vidas comunitárias sejam muitas vezes tão estéreis, pois a postura orgulhosa que afirma: "Eu sou o suficiente", não é propícia à vida comunitária.

O segundo efeito de reconhecer nossa própria necessidade é esvaziar os membros da comunidade de qualquer sentimento de superioridade. Um amigo meu pastoreava uma igreja presbiteriana rural. Como muitas antigas igrejas rurais, aquela tinha suas famílias fundadoras — os ricos proprietários de terras, cujos nomes podiam estar em uma ala das instalações da igreja e que a frequentavam desde a existência da igreja. No início de seu ministério nessa igreja, meu amigo enfrentou uma situação pastoral desafiadora com uma dessas famílias. O problema, se é que podemos chamar assim, começou quando um dos membros mais jovens da família e sua esposa se encontraram com meu amigo para discutir o batismo de seu filho recém-nascido.

Meu amigo ficou feliz em conhecê-los e ansioso para ouvir sobre seu relacionamento com Cristo, o que Deus estava ensinando a eles, seu desejo de criar seu filho como cristão e assim por diante. Então ele começou perguntando a eles sobre sua prática de fé, seu envolvimento na igreja e assim por diante. Houve um momento constrangedor de silêncio. O marido e a mulher olharam um para o outro e depois para o meu amigo. O marido sorriu e riu baixinho. "Não precisamos falar sobre nada disso", explicou. "Eu sou um _________", dizendo seu sobrenome.

Muitas vezes, quando famílias ricas dizem tais coisas nas reuniões da igreja, elas recebem a resposta desejada: deferimento instantâneo. Muitas vezes, a riqueza e a conexão têm sido um ingresso para o *status* privilegiado na igreja. Mas meu amigo não se intimidou com isso. "Bem, nós temos de falar sobre isso", disse. Logo ficou claro que nem o marido nem a esposa levavam a sério sua fé, que não tinham nenhuma intenção de frequentar a igreja regularmente e que não sentiam remorso ou culpa por nada disso. Batizar seu filho nessa igreja era simplesmente um item para marcar em uma lista familiar. Mas meu amigo não aceitou.

Cada um de nós vem a Deus com a mesma necessidade e deve receber a mesma cura. Reconhecer isso terá um efeito de nivelamento radical em nossa comunidade e um efeito unificador radical. Quaisquer que sejam nossas diferenças de capacidade, riqueza, idade, raça ou qualquer outra coisa, cada um de nós é um mendigo, incapaz de se salvar. O evangelho que ouvimos e ao qual respondemos com fé não deixa espaço para favoritismo pessoal, racismo ou classismo, ou para a noção de que, se eu realizar o suficiente, posso me tornar um membro da comunidade ou talvez uma pessoa importante de maneira singular dentro dela.

Há uma coisa final que devemos lembrar aqui: se todos nós viermos a Deus com a mesma necessidade, então cada pessoa que encontrarmos todos os dias nesta terra poderá um dia se alegrar conosco no paraíso. Eles podem ser ou podem se tornar nossos amados irmãos ou irmãs no Senhor. E assim não pode haver espaço para olharmos com desprezo para aqueles que estão fora da igreja, não importa quão feios sejam seus pecados, não importa quão distantes eles possam parecer de Deus. "Alguns de vós éreis assim", diz Paulo. Faríamos bem em ouvir.

QUEM RECEBE O QUE?

Um amigo meu que esteve envolvido em vários casos difíceis de pecado grave em igrejas locais observou que uma das piores coisas sobre o pecado é que ele nos rouba o tempo. Se você já esteve envolvido em lidar com as consequências de um pecado grave, entenderá isso. O tempo gasto encontrando a pessoa que está em pecado, o tempo gasto ajudando-a a buscar a reconciliação com as pessoas que machucaram, o tempo gasto com as vítimas do pecado — tudo isso se soma.

Esse tempo poderia ter sido gasto de outras maneiras: curtindo um filme com sua família; tomando café com um amigo; passando uma noite em pensamentos tranquilos com um livro, uma boa bebida e um disco agradável tocando ao fundo. O mundo está cheio de prazeres para nós desfrutarmos, se tivermos tempo para isso. Mas todas as possibilidades que derivam desses bons usos do tempo são perdidas quando devemos dedicar nosso tempo para enfrentar a gravidade do pecado e buscar a reconciliação ou restauração entre as partes envolvidas.

Mas se o pecado tem uma maneira de roubar tempo e nos restringir em nossa capacidade de amar o próximo e fazer um bom trabalho, então a virtude funciona na direção oposta. A virtude ajuda a criar tempo e oportunidade para servir. Se a virtude, em um sentido geral, se refere a traços e características que concordam com a lei de Deus, então ela abrangeria coisas como generosidade, bem como o que o ministro puritano John Winthrop chamou de "uma sensibilidade nativa de nossas misérias e tristezas".[118] Essa disponibilidade de tempo, dinheiro e até mesmo dos próprios membros é uma marca registrada em Bruderhof.

Para dar apenas um exemplo, houve um incidente há vários anos quando um escritor da editora de Bruderhof, *Plough*, estava visitando os Estados Unidos com sua esposa, vindo de sua casa na Europa Ocidental. Enquanto estava aqui, o marido ficou doente e havia alguma preocupação de que ele precisasse ir a um hospital para receber cuidados. Isso criou uma série de problemas, não apenas para os eventos programados, mas também para o casal — seu país natal oferecia assistência médica gratuita e subsidiada pelo governo a todos os seus cidadãos, de modo que o casal não tinha nenhum seguro de saúde adquirido em particular e não havia adquirido qualquer seguro de viagem anteriormente. Dadas as realidades severas do sistema médico americano, isso poderia ter sido desastroso para eles devido ao provável custo dos cuidados. Mas não foi. Por que não? Porque um médico que pertencia à comunidade Bruderhof pôde ficar com eles por vários dias para monitorar sua situação. Por causa disso, o que poderia ter sido uma emergência médica extremamente cara, na verdade acabou sendo um incidente relativamente menor, pois os únicos grandes custos financeiros foram quando eles tiveram que atrasar seus voos de volta alguns dias devido à doença desse autor. Em relação ao que poderia ter sido, esses custos eram triviais.

Esse exemplo ilustra um ponto mais amplo: quando as nossas vidas têm um certo grau de elasticidade, somos mais capazes de amar e servir uns aos outros porque grande parte de amar e servir é simplesmente uma função da disponibilidade. Muitas pessoas desejam ser bons vizinhos, bons filhos ou boas filhas, bons membros da igreja e assim por diante, mas simplesmente

---

118 WINTHROP, John. "A Model of Christian Charity". Postado por Frank Viola em *The Deeper Journey* (blog). 11 de março de 2021. Disponível em: www.patheos.com/blogs/frankviola/johnwinthrop/. Acesso em: 09 jun. 2022.

não há espaço em sua agenda. Em alguns casos, essa falta de disponibilidade é o produto de escolhas — escolher uma promoção que veio com salários mais altos, mas que também exige muito mais do seu tempo, optar por preencher os horários de seus filhos com atividades e esportes depois da escola e assim por diante. Em outros casos, essa vida frenética não foi escolhida, mas simplesmente aconteceu como resultado de outras circunstâncias — talvez um membro da família com deficiência precise de cuidados 24 horas por dia, ou simplesmente encarar as despesas exija vários empregos. Seja qual for o motivo, o resultado é que não estamos tão disponíveis para amar e servir ao próximo como gostaríamos de estar.

O que pode ser feito para combater esse problema? O salmista nos diz que "ao SENHOR pertencem a terra e tudo o que nela existe" (Sl 24.1). Interpretado dessa maneira, então, na verdade não existe propriedade privada, se por privado queremos dizer "propriedade que possuo um direito absoluto e inalienável de usar da maneira que eu escolher". As reivindicações que Deus coloca em nossa vida condicionam as reivindicações que podemos fazer sobre como usamos nossa propriedade. Isso é um pouco parecido com o relacionamento que meus filhos têm com o dinheiro da mesada. Nós damos a eles, e é "deles" no sentido de que eles podem escolher como desejam gastá-lo. No entanto, seu direito de dispor de sua propriedade não é absoluto, mas sim definido e moldado pelas regras que minha esposa e eu lhes damos sobre como usam seu dinheiro.

Obviamente, uma maneira de oferecer sua propriedade (e seu trabalho) a Deus é simplesmente fazer o que os membros de Bruderhof fizeram: renunciar à propriedade privada e compartilhar tudo em nome do bem comum. Mas esse não é o único caminho. De fato, uma das ironias de grande parte do pensamento contemporâneo é que, embora o calvinismo seja frequentemente culpado pelo desenvolvimento do vício moderno do trabalho e da avareza financeira, os próprios calvinistas históricos podem ser alguns de nossos melhores modelos de como abordar nossa propriedade com um espírito de generosidade radical — enquanto ainda se mantém alguma concepção de propriedade privada.

Embora seja mais conhecido hoje pelo uso da frase "uma cidade em uma colina" — que desde então tem sido invocada por muitos presidentes americanos, incluindo John F. Kennedy, Ronald Reagan e Barack Obama —, o sermão de 1630 de John Winthrop "*A Model of Christian Charity*" [Um modelo para a caridade cristã] na verdade tem muito a dizer sobre generosidade e liberalidade com nosso dinheiro em particular.

> Se [...] abraçarmos este mundo presente e perseguirmos nossas intenções carnais, buscando grandes coisas para nós mesmos e nossa posteridade, o Senhor certamente irromperá em ira contra nós, e se vingará de tal povo [...]. Se nossos corações se desviarem, para que não obedeçamos, mas forem seduzidos, e adorarem outros deuses — nossos prazeres e lucros — e se os servirem, como é proposto a nós neste dia, certamente pereceremos na boa terra pela qual atravessamos este vasto mar para possuir.[119]

As palavras de Winthrop aqui, que entre outras coisas descrevem "lucro" como um falso deus, não são únicas entre a tradição calvinista do protestantismo evangélico. O próprio Calvino não poderia ser menos severo ao lidar com aqueles que se apegam a dinheiro e posses. Calvino afirma que a generosidade, para os cristãos, não é o que mostramos apenas para outros cristãos ou apenas para aqueles a quem devemos algo. Não, porque todos são feitos à imagem de Deus e porque todos nós temos necessidade da mesma graça, temos uma obrigação para com todos:

> Portanto, você não tem motivo para recusar sua assistência a quem se apresenta necessitando de seus gentis

---

119 Ibid.

> ofícios. Diga que ele é um estranho; no entanto, o Senhor imprimiu nele um caráter que deveria lhe ser familiar; por isso ele te proíbe de desprezar sua própria carne. Diga que ele é desprezível e inútil; mas o Senhor mostra que ele é alguém a quem ele agraciou com sua própria imagem. Diga que você não está obrigado a ele por nenhum serviço; mas Deus o fez, por assim dizer, seu substituto, a quem você reconhece estar sob obrigações de benefícios numerosos e importantes. Diga que ele é indigno de você fazer o menor esforço por conta dele; mas a imagem de Deus, pela qual ele é recomendado a você, merece a entrega de si mesmo e de tudo o que você possui.[120]

Quando esse tipo de generosidade é normalizado em grandes grupos, como em Bruderhof, você encontra algo interessante. Se um dos principais obstáculos à nossa capacidade de amar e servir é a falta de tempo, dinheiro ou outros recursos, e não necessariamente a falta de vontade, então, à medida que o serviço generoso ao próximo é normalizado, a escassez se torna um problema menor. Em muitas comunidades cristãs, os obstáculos ao cuidado não são, na verdade, a falta geral de tempo ou dinheiro, mas a quantidade de tempo, dinheiro, competência e assim por diante dentro do grupo que não é amplamente distribuída. Quando a generosidade é normalizada, o excesso é compartilhado por todo o grupo, e uma vez que isso acontece, muitas outras boas consequências começam a surgir.

Quando temos o que precisamos para nos sentir cuidados e sentir que nossa vida diária é, de maneira geral, administrável, então encontramos nosso próximo a partir de uma posição de estabilidade, até mesmo de força. E isso não apenas tira um pouco do medo que podemos ter de alguém que está

---

120 João Calvino citado por ROBINSON, Marilynne. "Open Thy Hand Wide" em *When I Was a Child I Read Books*. Nova York: Picador, 2013, p. 77-78.

próximo ou de algum outro desconhecido; na verdade, nos capacita para servi-los mais generosamente porque nós mesmos somos providos. O médico de Bruderhof podia viajar para cuidar do escritor e de sua esposa porque sua própria comunidade era provida e porque ele mesma tinha o luxo de um trabalho que não exigia muito tempo no escritório, aviso prévio de afastamento e assim por diante.

Podemos colocar o assunto da seguinte forma: generosidade gera generosidade porque, quando somos generosos, estamos seguindo nossa natureza, que é viver em relacionamentos saudáveis de reciprocidade no mundo criado por Deus. Reciprocidade saudável gera reciprocidade saudável, e tudo isso se deve ao reconhecimento fundador de toda comunidade cristã: que somos pessoas carentes, frágeis, cuja maior necessidade é atendida por meio de Cristo e que agora são chamadas em comunidade com nossos companheiros também carentes.

O que tudo isso significa é que deveria ser normal na comunidade cristã nos entregarmos uns aos outros e servirmos uns aos outros de maneiras tangíveis com tempo e, sim, dinheiro. A comunidade cristã deve, como parte normal de sua vida conjunta, ajudar os idosos com seus cuidados diários, apoiar as famílias jovens na criação dos filhos (incluindo babás) e reunir-se em torno de seus membros mais jovens à medida que se estabelecem e formam famílias. Quando fazemos isso bem, criamos uma comunidade de pessoas providas que, por sua vez, são capazes de cuidar de outras.

ONDE VIVEMOS?

Uma grande parte do que torna a vida em comunidade possível é a simples proximidade geográfica. Se é fácil ver seus amigos regularmente, você os verá com mais regularidade. E é muito mais fácil morar a alguns quarteirões de distância do que se morasse do outro lado da cidade, quanto mais em outra cidade ou estado. De fato, grande parte da vida comunitária bem-sucedida é uma espécie de comunidade incidental, do tipo que surge quando, como ouvi alguém dizer certa vez, "temos amigos com quem fazemos coisas chatas". Anne Helen Petersen escreveu sobre o que ela chama de "amigos de tarefas", que são, como o nome sugere, o tipo de amigos com quem você faz coisas banais, cotidianas, como pegar roupa na lavanderia, ajudar a etiquetar convites de casamento, trocar o óleo do seu carro, ou dar uma passada rápida no banco. "É algo normal", escreve Petersen. "É apenas a vida, mas com outra pessoa".[121]

Amigos de tarefas serão mais naturalmente os amigos que vivem perto o suficiente para permitir a espontaneidade que as amizades de tarefas proporcionam. Você não pode convidar um amigo para passear enquanto faz compras se simplesmente ir e voltar da casa do amigo adicionará quarenta e cinco minutos à sua viagem. Se não for por puro pragmatismo, certo grau de proximidade é essencial para que a vida em comum ocorra no dia a dia.

No entanto, podemos insistir um pouco mais, de fato, porque quando falamos de proximidade geográfica, estamos falando inerentemente de lugares e do trabalho difícil, mas valioso, de construir lugares agradáveis e vivificantes. Aqui pode nos ajudar a retornar ao trabalho de Jennings, que citamos em capítulos anteriores.

É central para a crítica da branquitude de Jennings — que é em muitos aspectos uma crítica da modernidade ocidental — a questão da geografia. O que preocupa Jennings quando ele considera questões de raça e colonialismo é que a geografia é basicamente irrelevante para a mente colonialista — um lugar é tão bom quanto outro, e nenhum lugar tem uma demanda única para os indivíduos ou para formas específicas de cuidado ou

---

121 PETERSEN, Anne Helen. "The Errand Friend". *Culture Study*. 17 de janeiro de 2021. Disponível em: https://annehelen.substack.com/p/the-errand-friend. Acesso em: 09 jun. 2022.

atenção. Já vimos as consequências dessa indiferença pelo lugar na história. Não só foi negada à natureza sua voz para ajudar a definir e moldar nosso moderno senso de identidade, mas também o próprio planeta murchou sob as forças opressoras do mundo moderno tardio, virtualmente todas totalmente indiferentes às paisagens e geografia, os tipos de particularidades que fazem de um lugar o que ele é.

O resultado disso tem sido uma perda generalizada de identidade e agência entre os grupos raciais, embora tenha se manifestado de maneiras diferentes, pois as pessoas foram isoladas de fontes de identidade fora do eu soberano e desapegado:

> O ponto aqui é que a agência racial e especialmente a branquitude tornaram ininteligíveis e não persuasivas quaisquer narrativas do eu coletivo que ligassem a identidade à geografia, à terra, à água, às árvores e aos animais. As pessoas dali em diante (e para sempre) carregariam suas identidades em seus corpos, sem deixar vestígios.[122]

Na era da modernidade colonial, as identidades humanas são infinitamente intercambiáveis e se expressam principalmente no corpo. Isso cria um enorme fardo para as pessoas não apenas articularem sua própria identidade para si mesmas, o que seria um fardo suficiente, mas então expressarem essa identidade de forma autêntica por meio de seus corpos. Não devemos nos surpreender que tal mundo seja um terreno fértil para doenças mentais e distúrbios alimentares, ao mesmo tempo em que é excepcionalmente vulnerável aos abusos do mercado capitalista — há um bom dinheiro a ser ganho vendendo às pessoas os meios de que precisam para criar suas próprias identidades, afinal.

---

122 JENNINGS, Willie James. *The Christian Imagination:* Theology and the Origins of Race. New Haven, CT: Yale University Press, 2010, p. 59.

ENRAIZADO NOVAMENTE

A comunidade cristã pode oferecer uma alternativa a essa armadilha. Ao nos aproximarmos uns dos outros, não devemos simplesmente procurar tornar nossas próprias amizades mais próximas e mais convenientes, embora esse seja um bom objetivo. Também devemos ver a decisão de nos aproximarmos de outros cristãos como uma forma de amar os lugares que compartilhamos juntos, de servir ao bem de nossos vizinhos não cristãos naquele lugar e até de tornar o próprio lugar mais saudável. Ao atender às localidades e compartilhar o trabalho de revitalizá-las, podemos aprender a nos submeter — incluindo nossos desejos e ambições — a modos de vida que são maiores do que qualquer pessoa ou família, mas constitutivos de comunidades maiores e mais amplas.

O que isso exigirá não é simplesmente que procuremos viver em proximidade geográfica com o próximo, embora isso seja necessário, mas que nossa mudança e nosso relacionamento com os lugares para onde nos mudamos sejam baseados em algo diferente do simples desejo de viver perto de amigos. Fazer isso bem significará não apenas proximidade geográfica com nossos irmãos cristãos, mas um compromisso com um projeto compartilhado para ver nosso bairro ou nossa cidade prosperar.

Não podemos ver nossas casas como entidades independentes, separadas de qualquer outra coisa. Em vez disso, devemos ver nossas casas e as de nossos irmãos cristãos que moram nas proximidades como exemplos de um trabalho comum para tornar o mundo mais belo e mais parecido com o que Deus deseja. É, de fato, uma reconstrução literal da "área comum", um termo que hoje consideramos uma abstração, mas que, historicamente, era um espaço real compartilhado pelos membros de uma vila ou cidade.

Na Inglaterra pré-moderna, a área comum era onde os pequenos agricultores podiam colocar seus animais para pastar, mas também podia ser o local de reuniões comunitárias ou breves encontros entre vizinhos enquanto se realizava o trabalho. A perda dos bens comuns desempenhou um papel considerável na perda do tipo de amizade cotidiana e incidental descrita anteriormente. Pois agora há poucos espaços compartilhados nos quais podemos encontrar nossos vizinhos — os escritórios não são projetados com o objetivo de criar uma comunidade autêntica, e os terceiros lugares (como cafeterias, bares e restaurantes) são acessíveis apenas para aqueles com renda suficiente para frequentá-los e que, naturalmente, gostam de tais lugares.

Os bens comuns foram perdidos nos últimos cem anos para as cercas, à medida que os indivíduos fecharam os lugares, isolando-os dos vizinhos e fazendo-os servir apenas ao desejo ou à ganância do proprietário. Para os cristãos que compartilham bairros uns com os outros, nosso trabalho deve ser remodelar os bens comuns. Isso pode ser algo tão simples quanto derrubar a cerca de privacidade que divide seu quintal do vizinho para que seja mais fácil ir e voltar entre as casas. Ou pode ser algo mais complexo. Para aqueles com mente e habilidade para essas coisas, pode significar criar um espaço de horta comunitária com áreas de estar e amplo espaço para as pessoas se encontrarem e desfrutarem da beleza natural que sua própria terra é capaz de sustentar. De maneira mais prosaica, pode significar simplesmente receber os vizinhos regularmente para jantar, criando espaços nos quais os relacionamentos podem começar a se formar e ser fortalecidos.

Vivemos agora do outro lado do que Paul Kingsnorth chamou de "o grande abalo", e o único caminho de volta à vida comum saudável é a restauração de áreas comuns, o replantio de jardins, a partir dos quais a comunidade humana cresce e é sustentada. Vivemos um tempo de desenraizamento, e agora cabe a nós começar o trabalho de nos enraizar novamente. Porque a igreja cristã está sendo ensinada na escola do discipulado cristão, treinada pela revelação divina para ver a realidade como ela é e amar o mundo como Deus o fez, estamos em uma posição única para começar esse trabalho e recomendá-lo a outros.

O solo para essa nova semeadura do mundo é um encontro com a graça divina, ou seja, um encontro com a nossa própria inadequação. Friedrich Nietzsche olha para cada um de nós e diz: "Tome posse, conquiste, faça um nome para si mesmo que ecoará na eternidade". O que muitos de nós estamos descobrindo é que esse trabalho é ingrato e impossível, mesmo para os mais poderosos entre nós. Na melhor das hipóteses, seremos como Ozymandias, o grande rei lembrado no poema de mesmo nome de Percy Shelley — imortalizado em uma estátua tombada, perdido em intermináveis dunas de areia. "Contemplai as minhas obras, ó poderosos, e desesperai-vos", dizemos. E ainda,

> Nada mais resta: em redor a decadência
> Daquele destroço colossal, sem limite e vazio
> As areias solitárias e planas se espalham para longe.[123]

Qualquer pessoa que se conheça bem sabe que não estamos à altura da tarefa que Nietzsche nos propõe. E assim voltamos ao cristianismo, à realidade da nossa fraqueza e da necessidade de graça para que possamos ser restaurados à vida. O mundo de Nietzsche nos deu a máquina. Jesus nos oferece a cruz — e o túmulo vazio. E nesse túmulo vazio vemos a esperança de um mundo renovado.

As primeiras sementes do mundo vindouro já foram semeadas no jardim onde se encontra aquele túmulo. Foram plantadas na manhã de Páscoa quando Cristo, que foi confundido com o jardineiro, emergiu do túmulo em triunfo, derrubando o pecado

---

123 SHELLEY, Percy. "Ozymandias". Disponível em: www.poetryfoundation.org/poems/46565/ozymandias. Acesso em: 09 jun. 2022.

e Satanás, e restaurando a possibilidade de uma vida boa em uma terra boa diante de um Deus bom. Ainda vivemos diante dele agora, e voltamos nossos olhos para aquela terra boa "cujas surpresas nunca podemos esgotar". Deus, ele próprio um amante da vida, ainda nos fala, dizendo: "Respire, viva, crie", e promete nos dar tudo o que precisamos para fazer esse trabalho.

É hora de começarmos.

AGRADECIMENTOS

OBRIGADO ÀS FAMÍLIAS Ingram e Lamb por serem vizinhos fiéis e generosos, e a Emma Noel por me auxiliar com os cuidados com meus filhos e com as tarefas domésticas enquanto escrevia este livro.

Obrigado, mais uma vez, a Don Gates, meu agente literário, a Ethan McCarthy e a todos da IVP por seu trabalho ao publicar este livro.

Obrigado à comunidade da Zion Church. Obrigado especialmente aos nossos pastores, Stu Kerns e Keith Ghormley. Depois de testemunhar tanta loucura em outras igrejas ao longo de 2020, nunca deixarei de valorizar uma liderança espiritual madura e sensata. Obrigado.

Obrigado, Benne.

Obrigado aos editores e escritores do portal *Mere Orthodoxy*. Obrigado especialmente por não se impressionar comigo e por sua disposição persistente de me dizer quando estou sendo tolo — o que acontece com frequência.

Obrigado aos meus colaboradores do Davenant Institute e da Plough Publishing House.

Obrigado a Rob e Ruth Meador, que forneceram o solo no qual o amor por Deus poderia criar raízes.

Obrigado aos meus filhos, Davy Joy, Wendell, Austin e Ambrose, por sua paciência enquanto papai escrevia outro livro.

Obrigado, acima de tudo, à minha esposa, Joie. Suspeito que a única maneira de saber como é difícil escrever um livro é quando se escreve um. E a única maneira de saber o quanto pode ser cansativo e exaustivo escrever um livro é casando-se com um escritor. Sou seu, minha querida, com muita gratidão e alegria.

Este livro foi impresso pela Cruzado, em 2022, para a Thomas Nelson Brasil. O papel do miolo é o pólen natural 70g/m² e o da capa é cartão 250g/m².